日本随一の
大人気パズル作家
東田式

どの子も熱中！

小学生のおさらい→漢字パズル

東田 大志 著

明治図書

まえがき

　本書は，パズルを解きながら学年別に学習漢字をおさらいしていくことができる漢字パズルの問題集です。本書を日々の授業や宿題の中に取り入れ，漢字学習をバラエティに富んだものにすることで，子供達は楽しく漢字を復習していくことができるようになるでしょう。

　日本では，子供達は小学生の間に1000個以上の漢字を学ぶ必要があります。ひらがな・カタカナも合わせると，各学年で200個近くの文字を覚えなければならない計算になります。これは，アルファベット26文字だけで済む英語圏の人々に比べれば，はるかに大きな負担です。

　さらに，日本語の漢字学習には，単なる文字数で収まらないハードルがいくつもあります。表意文字である漢字はそれぞれ単独で意味を帯びており，読み方が複数あり，書き順が学習指導要領で決められており，また複数の漢字を組み合わせることで異なる意味を持つ熟語が無数に作られるという性質を持っています。日本の子供達は，1000字以上の漢字それぞれについてこれらの性質も含めて一緒に覚えていかなければなりません。本当に大変です。

　そして，大変なのは子供達だけではありません。子供達に1000個以上の漢字を教えなければならない先生方も，子供達と同じかそれ以上に苦労されていることだろうと推察します。どのように教えれば漢字が子供達の記憶に定着するのか，どうすれば漢字と日本語の奥深さを子供達に伝えられるのか，授業の中で日々模索しておられることだろうと思います。

　言うまでもありませんが，漢字の読み書きにはまず反復練習が大切です。私の小学生時代にも，宿題として毎日のように漢字ドリルが出ていましたが，これは今も昔も変わらない光景でしょう。しかし，重要な作業であるとはいえ，それぞれの漢字を10回ずつノートに書いていくだけの反復練習には，楽しさはあまりありません。

　せっかくなら楽しく子供達に漢字の学習をしてもらいたいというのは，全国の先生方の共通の願いだと思います。何より，漢字学習が楽しいと思えなければ，子供達も学習意欲がそがれ記憶にも残りにくくなってしまいます。

　本書には，楽しみながら漢字の読み書きや熟語の意味を覚えられるような3種類のパズルを集めています。どれも，単なる反復練習とは異なり，取り組みがいがありやる気が出る課題となるよう作成しました。学年別になっているため，子供達の学習段階に応じて，柔軟に授業や宿題に取り入れることができるでしょう。本書が日々子供達のことを考え奮闘しておられる先生方のお役に少しでも立てましたら幸いです。

2019年2月

パズル研究家　東田　大志

もくじ

まえがき　2

本書の特長と使い方　4

1年生までに習った漢字でできる漢字パズル
- ことばづくりパズル①〜③ ……… 10
- よみかたあわせパズル①〜⑤ …… 13
- 文しょうづくりパズル①〜⑤ …… 18

2年生までに習った漢字でできる漢字パズル
- ことばづくりパズル①〜⑤ ……… 24
- 読み方合わせパズル①〜⑤ ……… 29
- 文しょうづくりパズル①〜⑤ …… 34

3年生までに習った漢字でできる漢字パズル
- 言葉づくりパズル①〜⑤ ………… 40
- 読み方合わせパズル①〜⑤ ……… 45
- 文章づくりパズル①〜⑤ ………… 50

4年生までに習った漢字でできる漢字パズル
- 言葉づくりパズル①〜⑤ ………… 56
- 読み方合わせパズル①〜⑤ ……… 61
- 文章づくりパズル①〜⑤ ………… 66

5年生までに習った漢字でできる漢字パズル
- 言葉づくりパズル①〜⑤ ………… 72
- 読み方合わせパズル①〜⑤ ……… 77
- 文章づくりパズル①〜⑤ ………… 82

6年生までに習った漢字でできる漢字パズル
- 言葉づくりパズル①〜⑤ ………… 88
- 読み方合わせパズル①〜⑤ ……… 93
- 文章づくりパズル①〜⑤ ………… 98

解答　103

本書の特長と使い方
パズルを活用した学習のねらいと効果

パズルによる能動的学習効果

　本書は単なる反復練習タイプの漢字ドリルとは異なり，漢字が効率よく覚えられるような３種類のパズルの問題で構成されています。単なる読み書きの繰り返しとは異なり，漢字パズルは挑戦的な課題です。パズルの問題を解くためには，ひらめきと推理力を駆使しながら，頭の中の語彙を最大限に引き出していく必要があります。読み書きの繰り返しはほとんど受動的で頭を使わない作業で終わるのに対して，パズルはあぁでもないこうでもないと試行錯誤をしながら能動的に考えていく必要があります。

　能動的に推理を行うパズルでは，「〇〇だから〇〇」という推論を繰り返すことで，使われている漢字や熟語の理解を深めることができます。そして，理解を深めることは物事を記憶に定着させる上でも有効に働くでしょう。国語の漢字ではなく算数の公式を例に取って考えてみましょう。算数の公式を記憶に定着させるのに，単に公式を繰り返し唱えるだけではダメなのは明らかです。実際に公式を用いて論理的に答えが導き出せるような問題をこなし，その公式の意味を理解して初めて，記憶に定着したと言うことができます。漢字も，その漢字を用いて論理的に答えが導き出せるような問題をこなすことによって，その漢字の意味と複数の読み方，できる熟語など様々な要素を総合的に理解することができ，真に記憶に定着したと言うことができるでしょう。パズルが求める能動的な推理には，理解を深める学習効果があるのです。

多角的に考える力をつける

　ふつうの漢字ドリルとは異なり，パズルは知っていれば答えがすぐに導き出せるものではありません。そこで使われている漢字を書けるからといって，すぐに答えにたどり着けるわけではありません。パズルを解くためには，知識をもとにして，論理的に答えを導き出していく必要があります。その際に必要なのが，答えが見つかるまでねばり強く試行錯誤する力です。

　すぐに答えが見つからないとあきらめてしまう子供は多くいます。しかし，すぐに答えがわからないと投げ出してしまう癖がつくと，学年が上がるにつれて大変苦労することになるでしょう。解き終わるまでに時間がかかっても，またすぐに突破口が見つからなくても，本書のパズルは様々な角度から試行を重ねチャレンジしたくなるように作られています。考え抜いた末に自力で答えを導き出す喜びを繰り返し体験することで，子供達は考えることの素晴らしさに気づいていけるでしょう。パズル形式で問題をこなすことにより，漢字の記憶に留まらず，ねばり強く，簡単にあきらめずに問題に取り組む姿勢を養うことができます。

本書の主な使用場面と使用方法

パズルに使われている漢字の範囲

　本書の漢字パズルは，小学校の各学年で配当される漢字の範囲に合わせて作られています。１年生のパズルは１年生で習う漢字だけで，２年生のパズルは２年生の漢字を中心として２年生以下で習う漢字だけで，３年生のパズルは３年生の漢字を中心として３年生以下で習う漢字だけで……というように作られています。読み方についても，中学生以上で習う読み方については使わなくても解けるように作られています。そのため，学校の授業や宿題の中で，進度に合わせて活用しやすくなっています。

　2020年度から国語の学年別漢字配当表が変更され，小学校４年生で都道府県の漢字を新たに20字覚えなければならないことになりました。また，それに伴う４年生の負担を軽減するため，これまで４年に習っていた漢字の一部が５年や６年に配当されることになりました。本書はその新学年別漢字配当表に対応しており，長くお使いいただけるものとなっています。また，現段階で旧学年別漢字配当表をお使いの先生方でも，４年生の都道府県名をテーマにしたパズル１問（p.65の読み方合わせパズル⑤）を除けば，そのまま使うことができます。

実際の授業・宿題での活用法

　本書のパズルは学年別漢字配当表に準拠して作られており，授業でも宿題でも，進度に合わせて活用しやすくなっています。子供達の多くはパズルのような挑戦的な課題が大好きなので，国語の授業の合間に子供達の集中力が切れないよう出題すると，喜んで解いてくれることだろうと思います。悩んでいる子がいたら少しヒントを与えてあげてもよいでしょう。難しい言葉がパズルに登場するときなどは，先生が解説を入れると効果的です。ただし，答えを先生がどんどん言ってしまうのは厳禁です。子供達のやる気がそがれてしまいます。あくまでも少しヒントを与える程度にとどめ，子供達が自力で考える時間を大事にしてあげましょう。

　いつもの漢字ドリルの反復練習の代わりに，ときどき本書のパズルを宿題として出すこともできるでしょう。宿題として出す場合は特に，パズルの中に出てくるすべての漢字がもう習い終えたものであるほうがよいでしょう。漢字の復習のために，１つ前の学年の漢字パズルを出題するのもよいと思います。子供達は，宿題の漢字パズルを通して，時間をかけて自力で考える楽しさを学び取ることができます。

　パズルの難易度は，どれも①から⑤になるにつれ少しずつ難しくなっていきます。該当学年の漢字をすべて習い終えているなら，①から順番に出題してあげるとよいでしょう。

本書で扱うパズル①
言葉づくりパズル

　□の中に漢字を1文字ずつ入れましょう。○の中のひらがなは，そこに矢印が向いている□に入る漢字を組み合わせると，その読み方の熟語ができることを表しています。

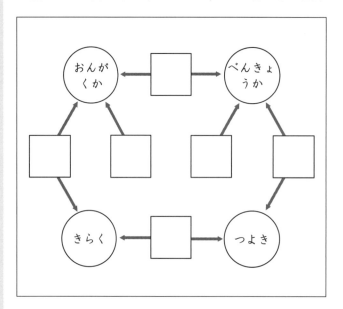
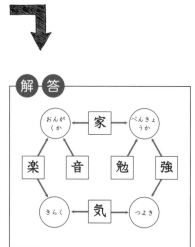

特長と身につく力―書き取り，論理力，発想力

　○の中に書かれている読み方の言葉ができるように，□の中に漢字を入れていくパズルです。パズルを解くためには，ひらがなから連想される言葉にはどういうものがあるかを思い出し，どこにどの漢字が入るのかを推理していく必要があります。漢字の書き取りの練習として最適なのはもちろん，複数の物事を同時に処理して論理的に考えていく力を身につけることができます。中には同音異義語が存在するような言葉も出てきますが，周囲の言葉との関連によって必ず一通りに決定できるようになっています。連想される様々な言葉を頭の中から引き出す発想力のトレーニングにもなるでしょう。

　共通の漢字が使われていても，言葉によって読み方が変わることもあります。パズルを通して，他の漢字との組み合わせ方の多様性と奥深さに気付いてくれる子供達も，きっとたくさんいることでしょう。

本書で扱うパズル②
読み方合わせパズル

　左側の空らんには漢字を，右側の空らんにはひらがなを，それぞれ下のリストから選んで入れ，言葉と読み方が正しく組み合わさるようにしましょう。リストの文字はすべて1回ずつ使います。

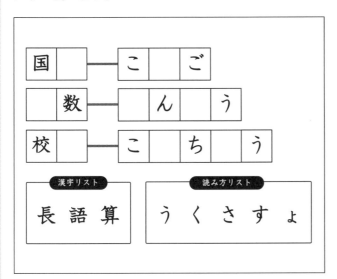

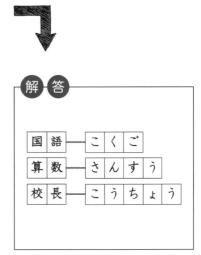

特長と身につく力―読み取り，書き取り，創造力，情報整理力

　空欄にリストの文字を入れていき，熟語とその読み方を対応させるパズルです。通常の漢字の練習では「漢字→読み方」または「読み方→漢字」の一方通行を繰り返しますが，このパズルでは読み方と漢字を双方向的に考える必要があります。これにより，漢字の読み取りと書き取りの練習を同時に行うことができるようになっています。双方向から漢字を考えることで，記憶にも定着しやすくなるでしょう。

　パズルでは，漢字部分も読み方部分も，両方ともが最初は意味が分からない状態です。解く際には，リストの文字を当てはめていくうちに，漢字と読み方の両方が同時に意味を持つようになります。この「両方が同時に意味を持つようになった瞬間」こそが，ひらめきがおこる瞬間です。パズルを通してこのひらめき感覚をたくさん得ることにより，子供達は創造力や情報整理力を身につけることができます。

本書で扱うパズル③
文章づくりパズル

リストの漢字を□の中に1つずつ入れて，意味の通る文章が完成するようにしましょう。リストの漢字はすべて1回ずつ使います。

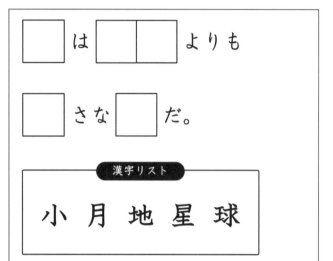
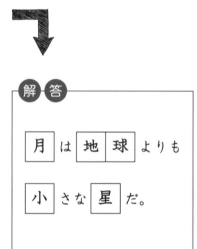

特長と身につく力──書き取り，送り仮名，仮説検証力，読解力

　リストの漢字を空欄に当てはめ，意味の通る文章を完成させるパズルです。3種類のパズルの中では，このパズルだけが言葉の意味をしっかりと考える必要があります。文法的に正しい文章を作るだけであればコンピュータでも簡単にできる時代ですが，意味がきちんと通る文章を作るとなるとそう簡単にはいきません。このパズルを解くためには，文章全体がどのような構造なのかを見極め，読解していく能力が求められます。

　問題を解く際，まずは特徴的な表現に注目していく必要があります。また，リストの漢字の中から熟語ができる組み合わせを探し，試行錯誤する行程も必要です。そうした突破口から空欄に当てはまりそうな漢字の予想を立て，その仮説が正しいのかどうかを検証していくパズルです。このように仮説とその検証を繰り返す推論は「アブダクション」と呼ばれ，論理学でも重要視されています。文章づくりパズルでは，こうした練習を通じて，応用問題にも対応できる思考力と読解力，日本語のセンスを身につけることができます。

1年生 までに習った漢字でできる 漢字パズル

町　耳
早　白
天　雨
青　文

1 ことばづくりパズル①

ねん　くみ　なまえ

□の　中に　かん字を　1文字ずつ　入れましょう。
○の　中には、やじるしが　出ている　□の　かん字を
くみあわせて　できる　ことばの　よみかたが　かかれて
います。

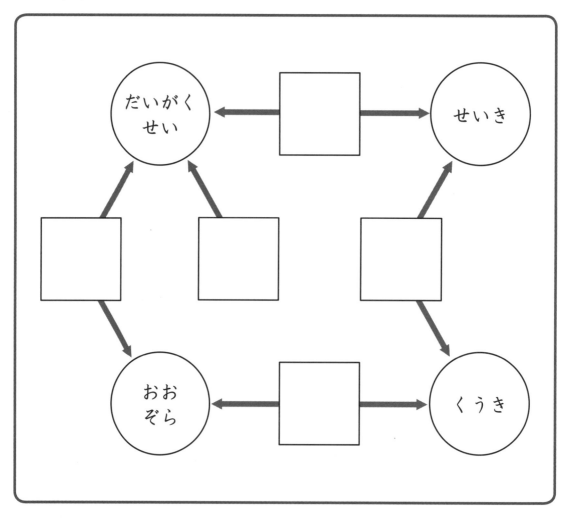

ヒント
「せいき」とは、「いきいきと　した　ようす」という　いみ。

2 ことばづくりパズル②

ねん　くみ　なまえ

□の 中に かん字を 1文字ずつ 入れましょう。
○の 中には, やじるしが 出ている □の かん字を
くみあわせて できる ことばの よみかたが かかれて
います。

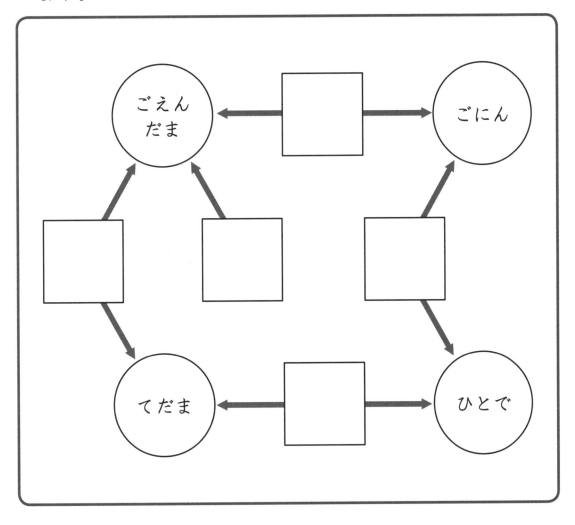

ヒント
「てだま」は, あそぶ ための どうぐで,「おてだま」とも いいます。

3 ことばづくりパズル③

□の 中に かん字を 1文字ずつ 入れましょう。
○の 中には、やじるしが 出ている □の かん字を くみあわせて できる ことばの よみかたが かかれて います。

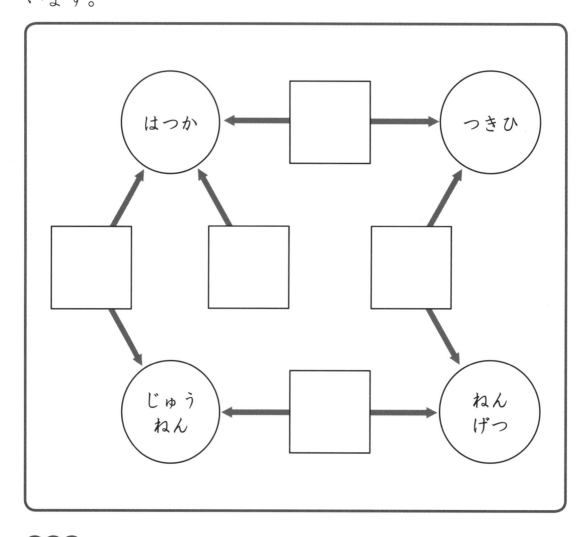

ヒント
「はつか」は、とくべつな よみかたで、「にじゅうにち」と かくよ。

4 よみかたあわせパズル①

ねん　くみ　なまえ

左がわの　空らんには　かん字を，右がわの　空らんには　ひらがなを，それぞれ　下の　リストから　えらんで　入れ，ことばと　よみかたが　正しく　くみあわさる　ように　しましょう。リストの　文字は　すべて　1かいずつ　つかいます。

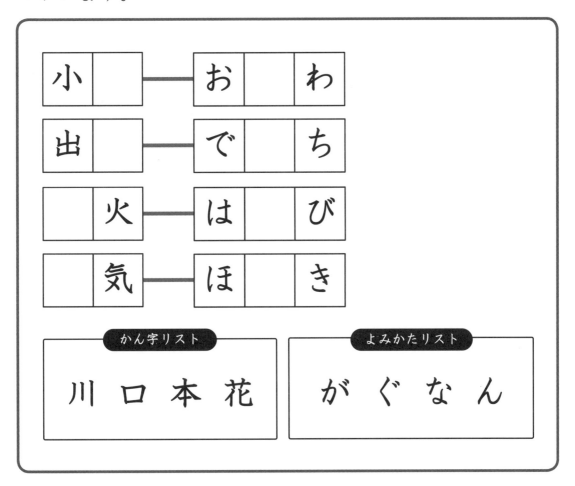

- - - **ヒント** - - -
「まじめ」という　いみの　「ほんき」が　どこかに　はいるよ。

5 よみかたあわせパズル②

ねん　くみ　なまえ

左がわの　空らんには　かん字を，右がわの　空らんには　ひらがなを，それぞれ　下の　リストから　えらんで　入れ，ことばと　よみかたが　正しく　くみあわさる　ように　しましょう。リストの　文字は　すべて　1かいずつ　つかいます。

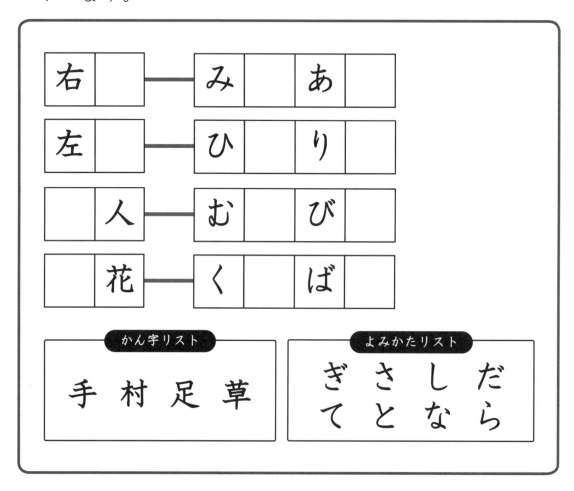

ヒント
よみは　四文字　だから，「みぎて」「ひだりあし」は　はいらない。

6 よみかたあわせパズル③

ねん　くみ　なまえ

左がわの　空らんには　かん字を，右がわの　空らんには　ひらがなを，それぞれ　下の　リストから　えらんで　入れ，ことばと　よみかたが　正しく　くみあわさる　ように　しましょう。リストの　文字は　すべて　1かいずつ　つかいます。

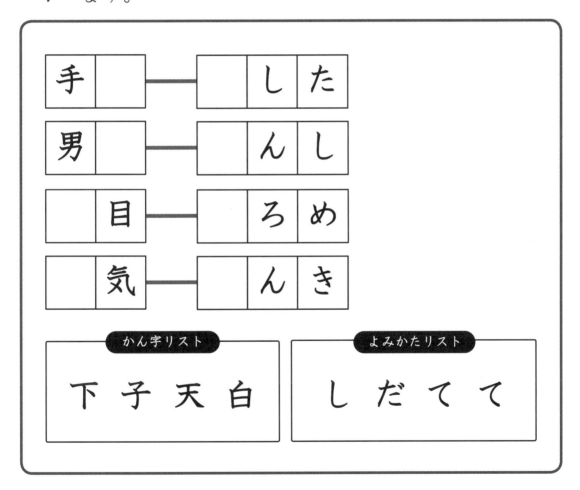

ヒント
「ぶか」という　いみの　「てした」が　どこかに　はいるよ。

7 よみかたあわせパズル④

ねん　くみ　なまえ

左がわの　空らんには　かん字を，右がわの　空らんには　ひらがなを，それぞれ　下の　リストから　えらんで　入れ，ことばと　よみかたが　正しく　くみあわさる　ように　しましょう。リストの　文字は　すべて　1かいずつ　つかいます。

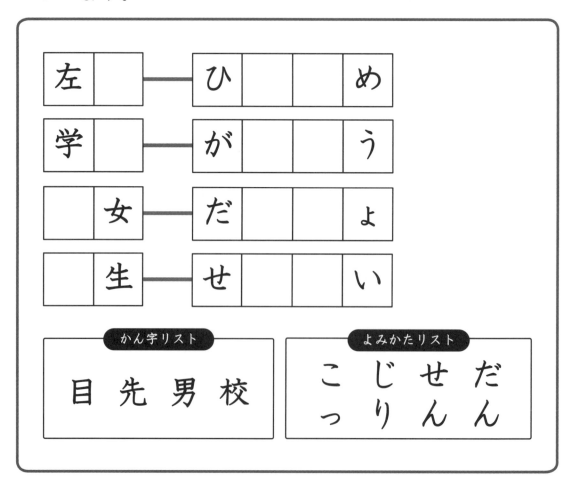

「おとこと　おんな」という　いみの　「だんじょ」が　はいるよ。

8 よみかたあわせパズル⑤

ねん　くみ　なまえ

左がわの　空らんには　かん字を，右がわの　空らんには　ひらがなを，それぞれ　下の　リストから　えらんで　入れ，ことばと　よみかたが　正しく　くみあわさる　ように　しましょう。リストの　文字は　すべて　1かいずつ　つかいます。

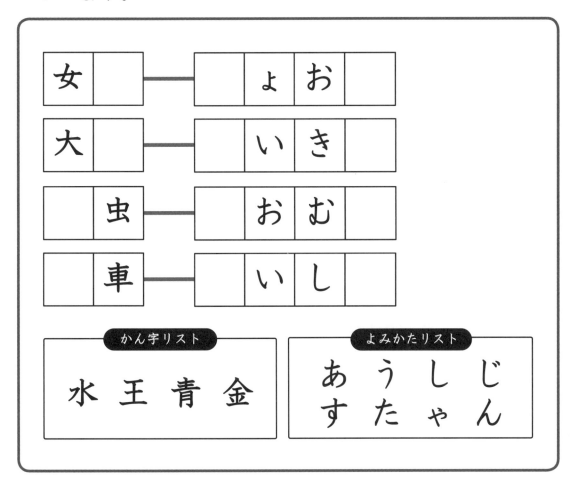

ヒント
かわで　くるくると　まわる「すいしゃ」が　どこかに　はいるよ。

9 文しょうづくりパズル①

ねん　くみ　なまえ

リストの　かん字を　□の　中に　1つずつ　入れて，文しょうが　かんせいする　ように　しましょう。リストの　かん字は　すべて　1かいずつ　つかいます。

□が　ふりそうだから、

□く　あの　ビルの　□に

□って　□もう。

かん字リスト

入　中　早　休　雨

ヒント
雨が　ふると，ぬれない　ように　どこかに　入りたいね。

10 文しょうづくりパズル②

ねん　くみ　なまえ

リストの　かん字を　□の　中に　1つずつ　入れて，文しょうが　かんせいする　ように　しましょう。リストの　かん字は　すべて　1かいずつ　つかいます。

この　□には、

およそ　□□の　□が

□って　います。

かん字リスト

千　木　立　本　林

ヒント
木が　たくさん　あると　林に　なるね。

11 文しょうづくりパズル③

リストの かん字を □の 中に 1つずつ 入れて, 文しょうが かんせいする ように しましょう。リストの かん字は すべて 1かいずつ つかいます。

□□が しずむとき、

□は □く

□えます。

かん字リスト

夕 日 見 赤 空

ヒント
夕がたに なると, 空の いろは どうなるかな？

12 文しょうづくりパズル④

ねん　くみ　なまえ

リストの　かん字を　□の　中に　1つずつ　入れて、文しょうが　かんせいする　ように　しましょう。リストの　かん字は　すべて　1かいずつ　つかいます。

やわらかくした　□に、

□から　□を　□れることで、

□んぼの　いねは　そだちます。

かん字リスト

入　川　土　水　田

ヒント
おこめの　もとになる　いねは、たんぼに　水を　ひいて　つくるよ。

13 文しょうづくりパズル⑤

リストの かん字を □の 中に 1つずつ 入れて，文しょうが かんせいする ように しましょう。リストの かん字は すべて 1かいずつ つかいます。

□の したほうを □ると、

□びきの □が □から

□りて くる ところだった。

かん字リスト

山 下 三 犬 見 音

ヒント
「下りる」と かいて「おりる」と よむよ。

2年生までに習った漢字でできる
漢字パズル

朝
父
考
図

雲
弓
夏
門

14 ことばづくりパズル①

ねん　くみ　なまえ

□の 中に かん字を 1文字ずつ 入れましょう。
○の 中には, 矢じるしが 出ている □の かん字を 組み合わせて できる ことばの 読み方が 書かれて います。

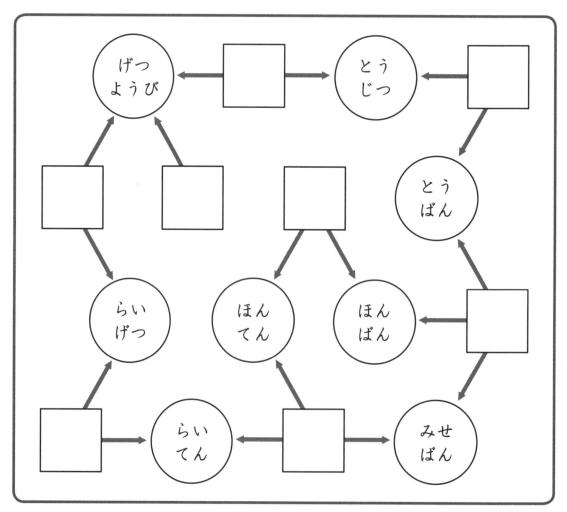

「ほんてん」は,「ちゅうしんとなる おみせ」という いみ。

15 ことばづくりパズル②

ねん　くみ　なまえ

□の 中に かん字を 1文字ずつ 入れましょう。
○の 中には, 矢じるしが 出ている □の かん字を 組み合わせて できる ことばの 読み方が 書かれて います。

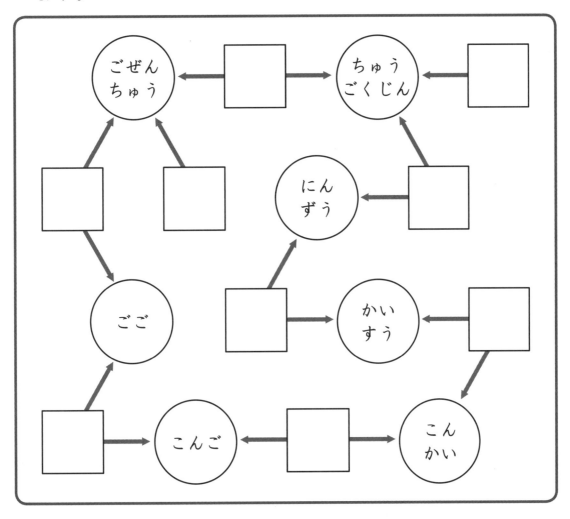

ヒント
「こんご」は,「いまから あと」という いみ。

16 ことばづくりパズル③

ねん　くみ　なまえ

□の 中に かん字を 1文字ずつ 入れましょう。
○の 中には, 矢じるしが 出ている □の かん字を 組み合わせて できる ことばの 読み方が 書かれて います。

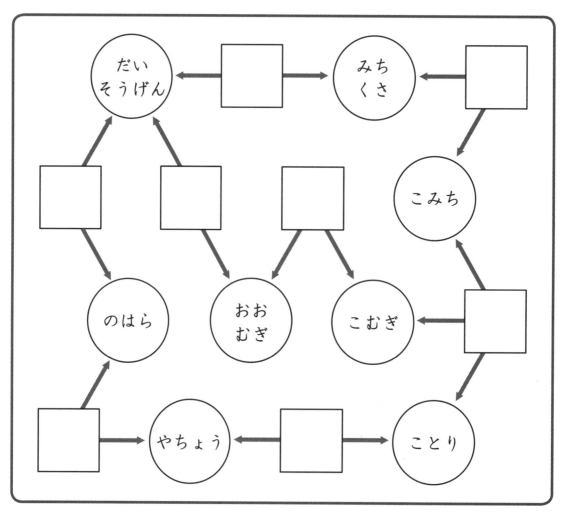

ヒント

「みちくさ」は,「よりみち」という いみ。

17 ことばづくりパズル④

ねん　くみ　なまえ

□の 中に かん字を 1文字ずつ 入れましょう。
○の 中には, 矢じるしが 出ている □の かん字を 組み合わせて できる ことばの 読み方が 書かれて います。

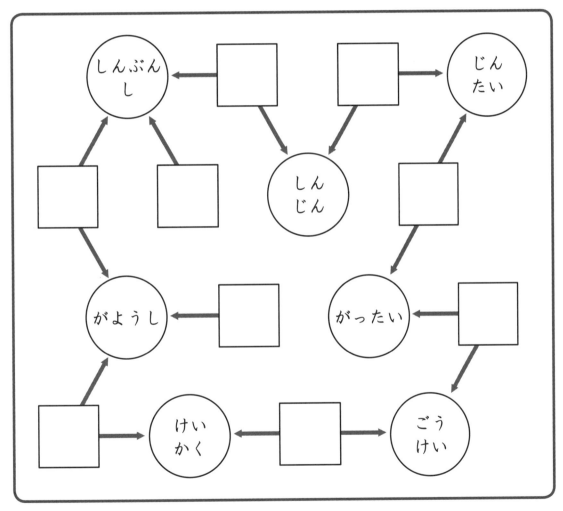

ヒント
「しんじん」は,「あたらしく 入って きた ひと」という いみ。

18 ことばづくりパズル⑤

ねん　くみ　なまえ

□の 中に かん字を 1文字ずつ 入れましょう。
○の 中には，矢じるしが 出ている □の かん字を
組み合わせて できる ことばの 読み方が 書かれて
います。

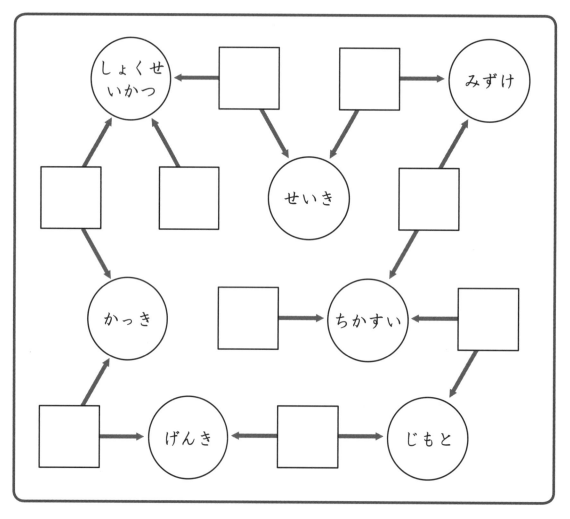

ヒント
「かっき」は，「げんきが いい ようす」の いみ。

19 読み方合わせパズル①

左がわの 空らんには かん字を, 右がわの 空らんには ひらがなを, それぞれ 右の リストから えらんで 入れ, ことばと 読み方が 正しく 組み合わさる ようにしましょう。リストの 文字は すべて 1回ずつ つかいます。

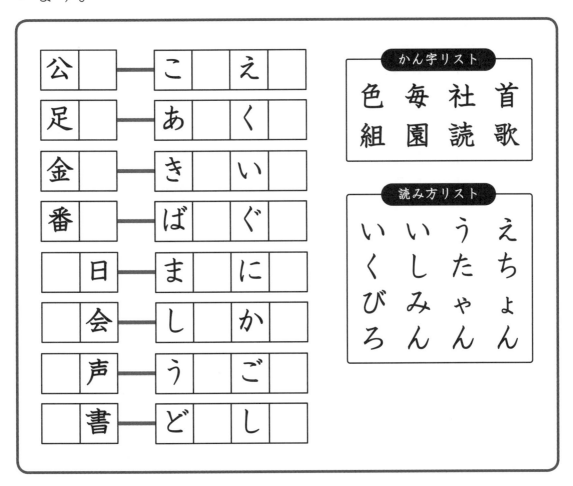

テレビや ラジオで ながれる 「ばんぐみ」が どこかに 入るよ。

20 読み方合わせパズル②

ねん　くみ　なまえ

左がわの　空らんには　かん字を，右がわの　空らんには　ひらがなを，それぞれ　右の　リストから　えらんで　入れ，ことばと　読み方が　正しく　組み合わさる　ようにしましょう。リストの　文字は　すべて　1回ずつ　つかいます。

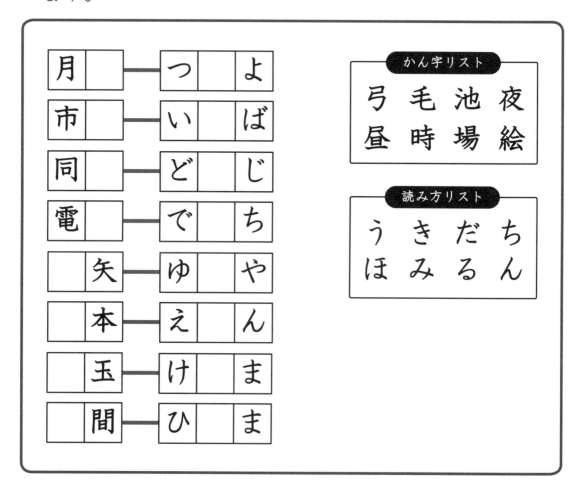

セーターなどに　つく「けだま」が　どこかに　入るよ。

21 読み方合わせパズル③

左がわの 空らんには かん字を，右がわの 空らんには ひらがなを，それぞれ 右の リストから えらんで 入れ，ことばと 読み方が 正しく 組み合わさる ようにしましょう。リストの 文字は すべて 1回ずつ つかいます。

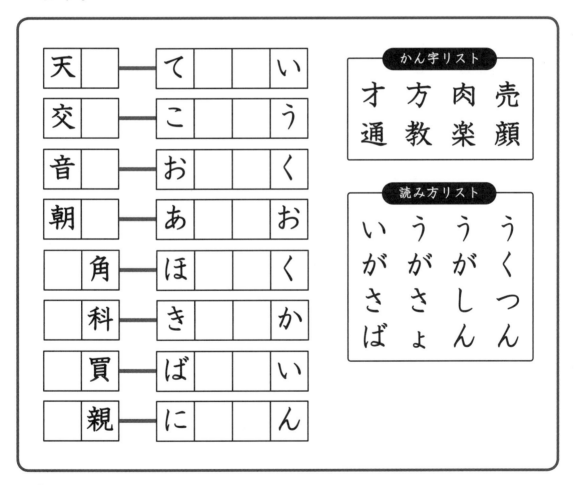

親や 兄弟などを いみする 「にくしん」が どこかに 入るよ。

22 読み方合わせパズル④

左がわの 空らんには かん字を，右がわの 空らんには ひらがなを，それぞれ 右の リストから えらんで 入れ，ことばと 読み方が 正しく 組み合わさる ようにしましょう。リストの 文字は すべて 1回ずつ つかいます。

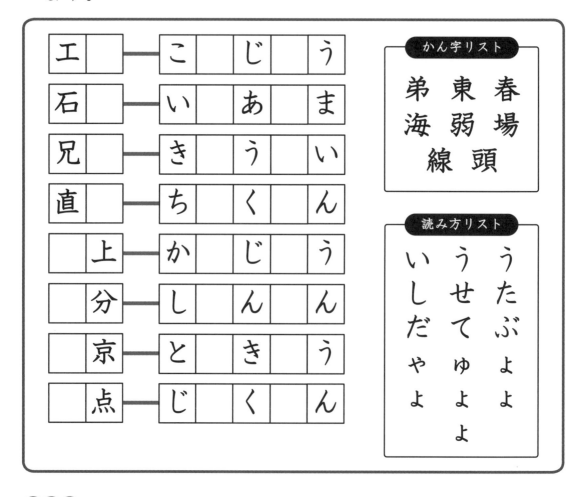

- - - - - - - - - -
ヒント
3月20日ごろに「しゅんぶん」の日が あるよ。

23 読み方合わせパズル⑤

ねん　くみ　なまえ

左がわの　空らんには　かん字を，右がわの　空らんには　ひらがなを，それぞれ　右の　リストから　えらんで　入れ，ことばと　読み方が　正しく　組み合わさる　ようにしましょう。リストの　文字は　すべて　1回ずつ　つかいます。

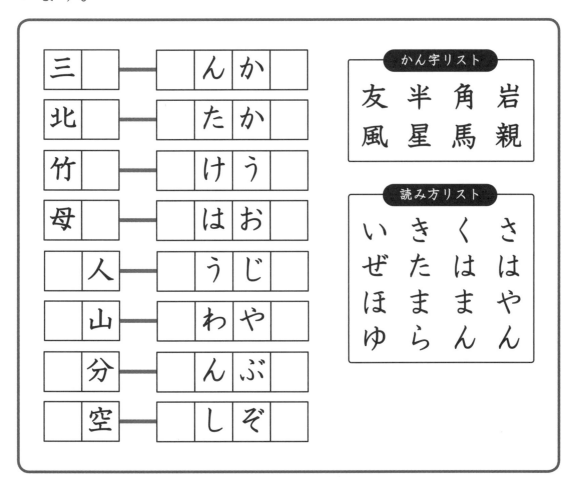

- - - ヒント - - -
竹を　つかった　あそびどうぐの　「たけうま」が　どこかに　入るよ。

24 文しょうづくりパズル①

ねん　くみ　なまえ

リストの　かん字を　□の　中に　1つずつ　入れて，文しょうが　かんせいする　ように　しましょう。リストの　かん字は　すべて　1回ずつ　つかいます。

□け□に　なって、

□たちは　□を　□げて

□の　□へと　とんで　いった。

かん字リスト

方　広　羽　西
明　空　鳥

ヒント
夜が　おわって　日が　のぼる　ころを　「あけがた」と　言うよ。

25 文しょうづくりパズル②

ねん　くみ　なまえ

リストの　かん字を　□の　中に　1つずつ　入れて、文しょうが　かんせいする　ように　しましょう。リストの　かん字は　すべて　1回ずつ　つかいます。

□□みに、□くの

□まで　□を　□つりに

つれて　□った。

かん字リスト
休　行　妹　海
夏　魚　遠

▶ヒント
さかなを　つりに　どこかへ　いった　ようだね。

26 文しょうづくりパズル③

ねん　くみ　なまえ

リストの　かん字を　□の　中に　1つずつ　入れて，文しょうが　かんせいする　ように　しましょう。リストの　かん字は　すべて　1回ずつ　つかいます。

□が　□まった　せいで

□□が　□なくなり、

□に　□れなく　なってしまった。

かん字リスト

出　汽　帰　車
家　強　雪

- - - - - **ヒント** - - - - -
「つよく　なる　こと」を「つよまる」と　言うよ。

27 文しょうづくりパズル④

ねん　くみ　なまえ

リストの かん字を □の 中に 1つずつ 入れて, 文しょうが かんせいする ように しましょう。リストの かん字は すべて 1回ずつ つかいます。

□いていると □の

□き□が □こえたので、

□わず □ち□まった。

かん字リスト

牛　止　立　声
歩　思　鳴　聞

ヒント

「たちどまる」は, 立ったまま 止まる ことを 言うよ。

28 文しょうづくりパズル⑤

ねん　くみ　なまえ

リストの かん字を □の 中に 1つずつ 入れて，文しょうが かんせいする ように しましょう。リストの かん字は すべて 1回ずつ つかいます。

□□は、□くて

よく □れる □を

□る □□だ。

かん字リスト

刀　人　切　父
名　作　長　親

ヒント
おとうさんが かたなを つくるなんて すごいね。

3年生
までに習った漢字でできる
漢字パズル

29 言葉づくりパズル①

年　　組　　名前

□の中に漢字を1文字ずつ入れましょう。○の中のひらがなは，そこに矢じるしが向いている□に入る漢字を組み合わせると，その読み方の言葉ができることを表しています。

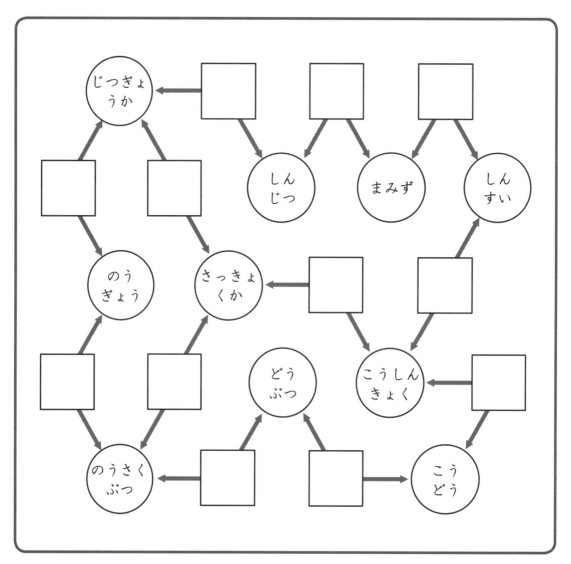

ヒント

「じつぎょうか」は，会社をけいえいしている人などのことを言うよ。

30 言葉づくりパズル②

年　　組　　名前

□の中に漢字を1文字ずつ入れましょう。○の中のひらがなは，そこに矢じるしが向いている□に入る漢字を組み合わせると，その読み方の言葉ができることを表しています。

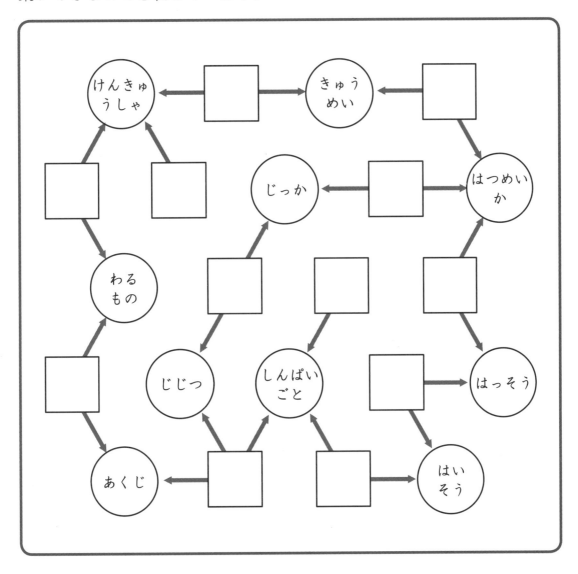

ヒント

「きゅうめい」は，「真実を明らかにしようとする」という意味。

31 言葉づくりパズル③

年　　組　　名前

□の中に漢字を1文字ずつ入れましょう。○の中のひらがなは，そこに矢じるしが向いている□に入る漢字を組み合わせると，その読み方の言葉ができることを表しています。

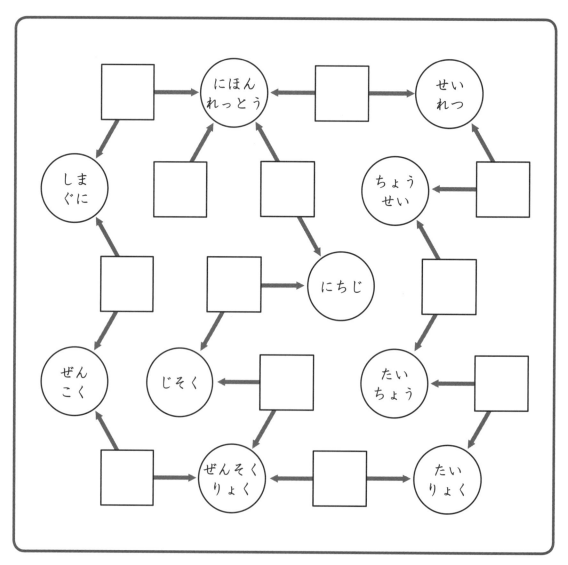

ヒント

「じそく」は，「1時間に進めるきょり」の意味。算数で習うよ。

32 言葉づくりパズル④

年　　組　　名前

□の中に漢字を1文字ずつ入れましょう。○の中のひらがなは、そこに矢じるしが向いている□に入る漢字を組み合わせると、その読み方の言葉ができることを表しています。

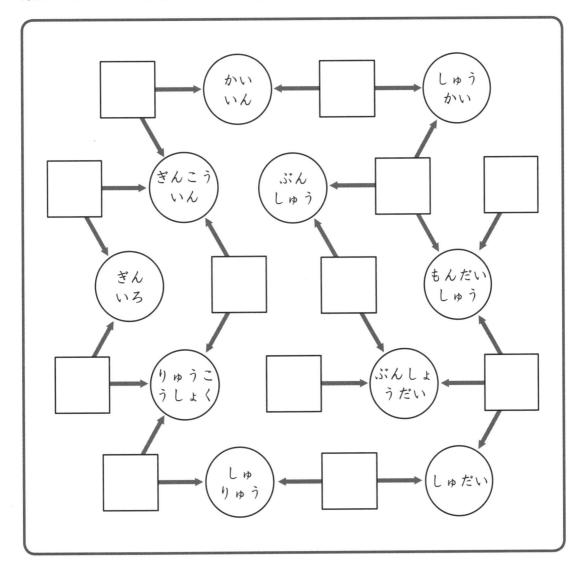

ヒント

「りゅうこうしょく」は、「はやっている色」の意味。

33 言葉づくりパズル⑤

年　　組　　名前

□の中に漢字を1文字ずつ入れましょう。○の中のひらがなは，そこに矢じるしが向いている□に入る漢字を組み合わせると，その読み方の言葉ができることを表しています。

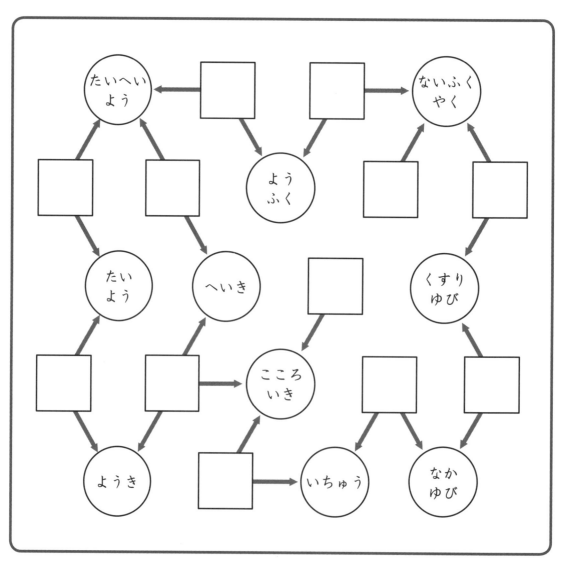

ヒント

「ないふくやく」は，「飲み薬」という意味。

34 読み方合わせパズル①

年　　組　　名前

左側の空らんには漢字を，右側の空らんにはひらがなを，それぞれ下のリストからえらんで入れ，言葉と読み方が正しく組み合わさるようにしましょう。リストの文字はすべて1回ずつ使います。

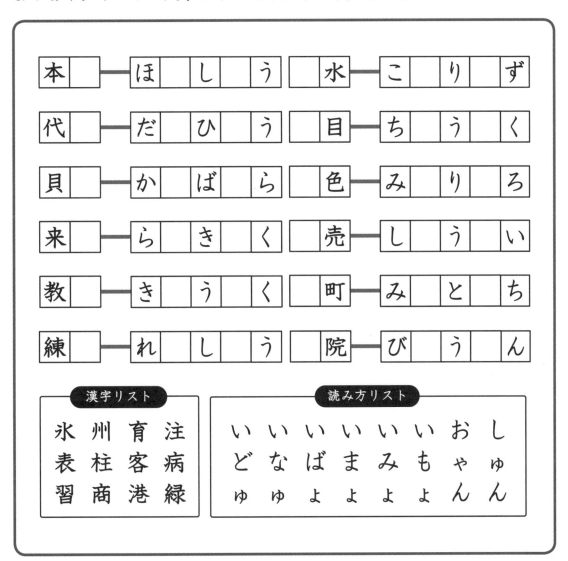

ヒント
ホタテについている「かいばしら」がどこかに入るよ。

35 読み方合わせパズル②

年　　組　　名前

左側の空らんには漢字を，右側の空らんにはひらがなを，それぞれ下のリストからえらんで入れ，言葉と読み方が正しく組み合わさるようにしましょう。リストの文字はすべて1回ずつ使います。

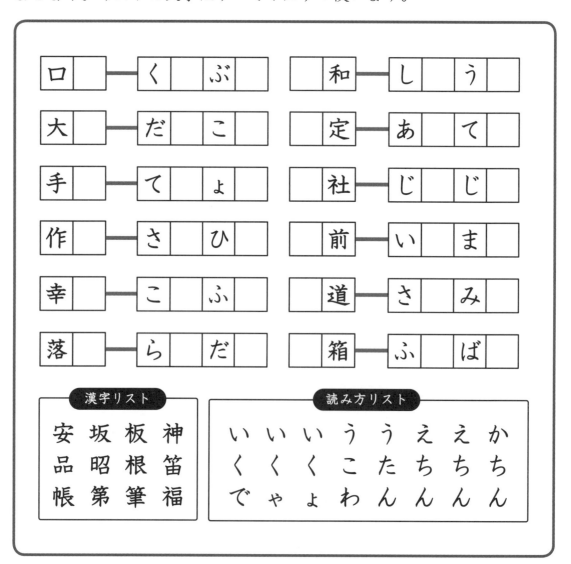

ヒント
りょう理人のことを意味する「いたまえ」がどこかに入るよ。

36 読み方合わせパズル③

年　　組　　名前

左側の空らんには漢字を，右側の空らんにはひらがなを，それぞれ下のリストからえらんで入れ，言葉と読み方が正しく組み合わさるようにしましょう。リストの文字はすべて1回ずつ使います。

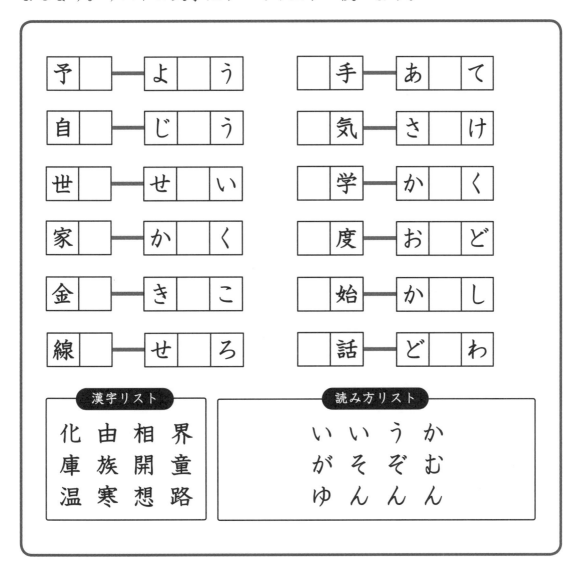

寒く感じることを意味する「さむけ」がどこかに入るよ。

37 読み方合わせパズル④

年　　組　　名前

左側の空らんには漢字を，右側の空らんにはひらがなを，それぞれ下のリストからえらんで入れ，言葉と読み方が正しく組み合わさるようにしましょう。リストの文字はすべて1回ずつ使います。

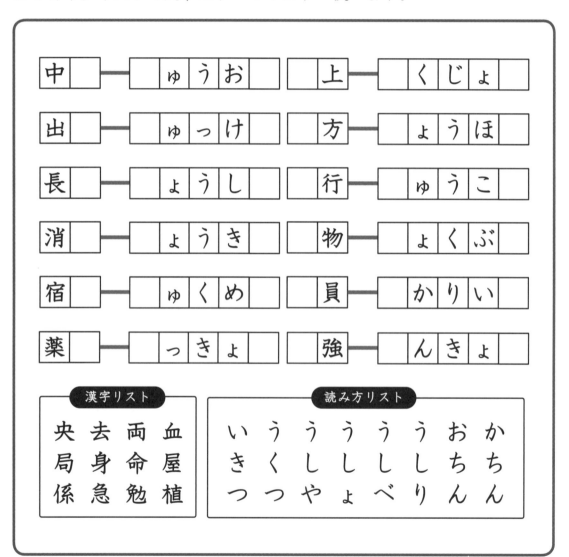

生まれる前から決まっている運命を意味する「しゅくめい」が入るよ。

38 読み方合わせパズル⑤

年　　組　　名前

左側の空らんには漢字を，右側の空らんにはひらがなを，それぞれ下のリストからえらんで入れ，言葉と読み方が正しく組み合わさるようにしましょう。リストの文字はすべて1回ずつ使います。

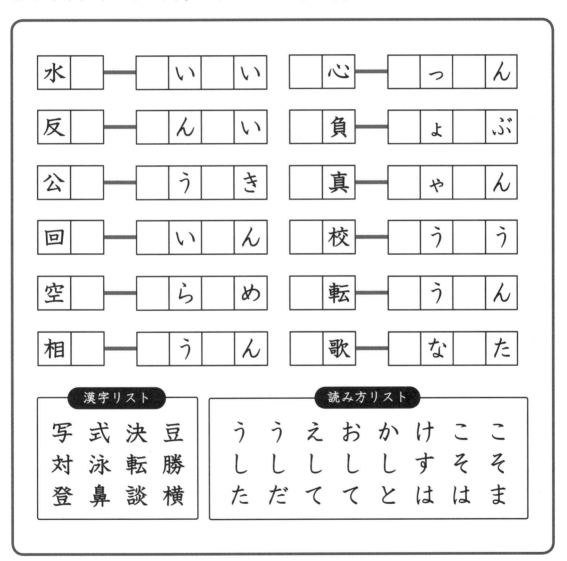

ヒント
横向きにたおれることを意味する「おうてん」がどこかに入るよ。

39 文章づくりパズル①

年　　組　　名前

リストの漢字を□の中に1つずつ入れて，意味の通る文章がかんせいするようにしましょう。リストの漢字はすべて1回ずつ使います。

□い□に□□するときは、こまめに

□を□むように

□がけましょう。

漢字リスト
日　心　水　動
飲　暑　運

ヒント
注意しておぼえておくことを「心がける」と言うよ。

40 文章づくりパズル②

年　　組　　名前

リストの漢字を□の中に1つずつ入れて，意味の通る文章がかんせいするようにしましょう。リストの漢字はすべて1回ずつ使います。

□り□げられた

□□のボールを□って

□いかけていたら、

□□しくなった。

漢字リスト

走　投　苦　放
追　息　球　野

ヒント

「放る」と「投げる」を組み合わせて「放り投げる」と言うよ。

41 文章づくりパズル③

年　　組　　名前

リストの漢字を□の中に1つずつ入れて，意味の通る文章がかんせいするようにしましょう。リストの漢字はすべて1回ずつ使います。

□いが□しい□□で

□かれた□を

□んで、□を

ぐっと□たれた。

漢字リスト
心　打　言　美　書
短　葉　詩　読

ヒント
何かに深く感動することを「心を打たれる」と言うよ。

42 文章づくりパズル④

年　　組　　名前

リストの漢字を□の中に1つずつ入れて，意味の通る文章がかんせいするようにしましょう。リストの漢字はすべて1回ずつ使います。

この [地] [区] は [昔] は [畑] が

[一] [面] に [広] がっていたが、

[今] ではすっかり

[都] [会] になっている。

漢字リスト
一　区　今　広　地
会　昔　面　畑　都

ヒント
まわりいっぱいに何かがあることを「一面に広がる」と言うよ。

43 文章づくりパズル⑤

年　　組　　名前

リストの漢字を□の中に１つずつ入れて，意味の通る文章がかんせいするようにしましょう。リストの漢字はすべて１回ずつ使います。

□に□いた

□□から、

□を□えたばかりの

□□が□てきた。

漢字リスト

友　出　列　車　級
旅　終　着　駅

ヒント
同じクラスの友だちを「級友」と言うよ。

4年生 までに習った漢字でできる 漢字パズル

愛
課
健
帯

種
府
唱
類

44 言葉づくりパズル①

年　　組　　名前

□の中に漢字を1文字ずつ入れましょう。○の中のひらがなは、そこに矢印が向いている□に入る漢字を組み合わせると、その読み方の言葉ができることを表しています。

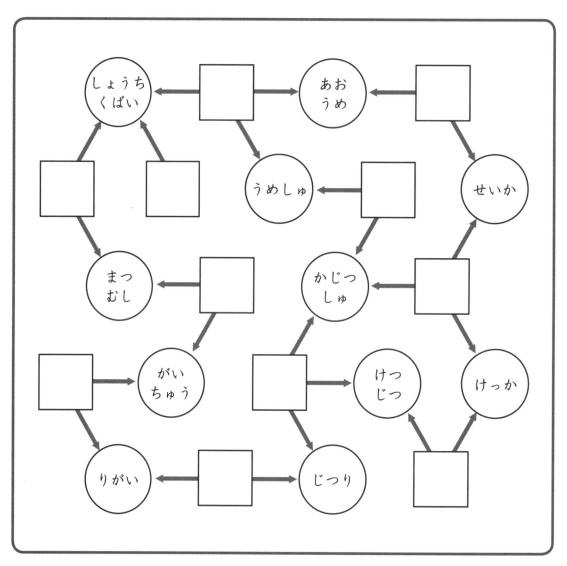

「じつり」とは、「現実の利益」の意味。

45 言葉づくりパズル②

年　　組　　名前

□の中に漢字を1文字ずつ入れましょう。○の中のひらがなは，そこに矢印が向いている□に入る漢字を組み合わせると，その読み方の言葉ができることを表しています。

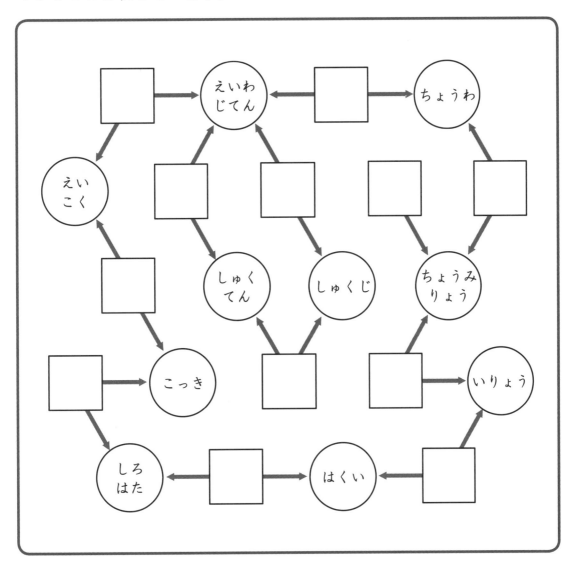

ヒント

「しゅくてん」とは，「祝いの式」の意味。

46 言葉づくりパズル③

年　　組　　名前

□の中に漢字を1文字ずつ入れましょう。○の中のひらがなは，そこに矢印が向いている□に入る漢字を組み合わせると，その読み方の言葉ができることを表しています。

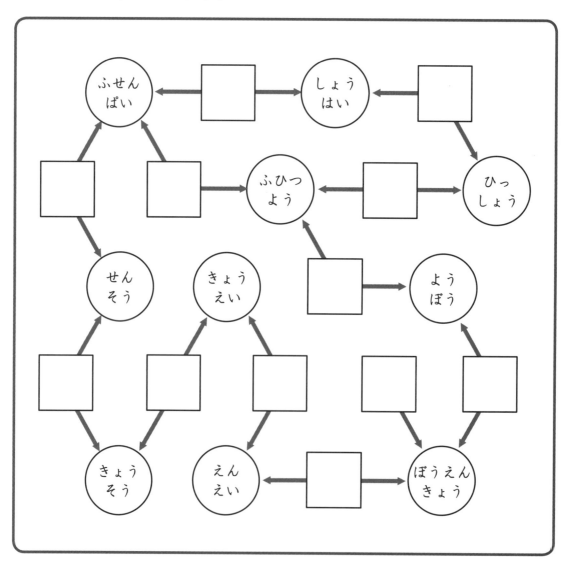

ヒント

「えんえい」とは，「遠くまで水泳をすること」の意味。

47 言葉づくりパズル④

年　　組　　名前

□の中に漢字を1文字ずつ入れましょう。○の中のひらがなは，そこに矢印が向いている□に入る漢字を組み合わせると，その読み方の言葉ができることを表しています。

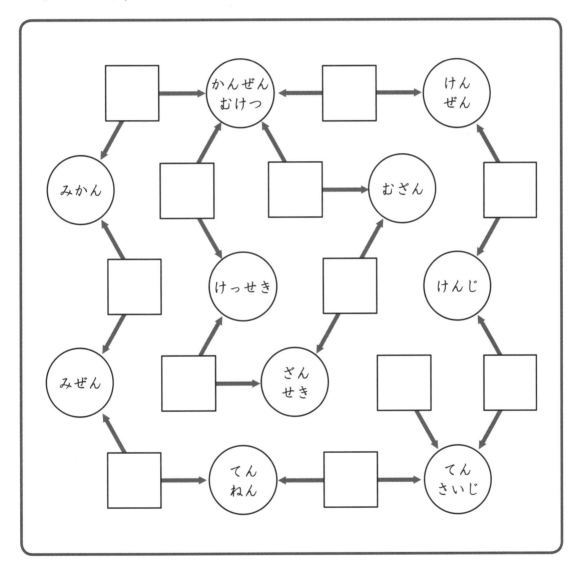

「かんぜんむけつ」とは，「完ぺきで欠点が何一つないこと」の意味。

48 言葉づくりパズル⑤

年　　組　　名前

□の中に漢字を1文字ずつ入れましょう。○の中のひらがなは，そこに矢印が向いている□に入る漢字を組み合わせると，その読み方の言葉ができることを表しています。

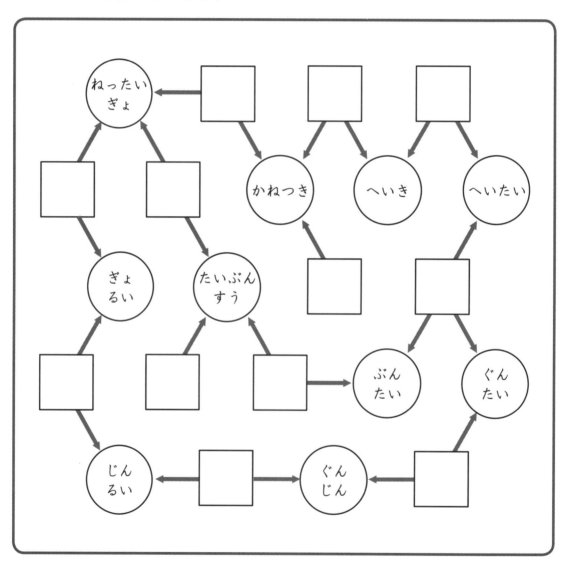

ヒント

「かねつき」とは，「物に熱を加える装置」の意味。

49 読み方合わせパズル①

年　　組　　名前

左側の空らんには漢字を，右側の空らんにはひらがなを，それぞれ下のリストから選んで入れ，言葉と読み方が正しく組み合わさるようにしましょう。リストの文字はすべて1回ずつ使います。

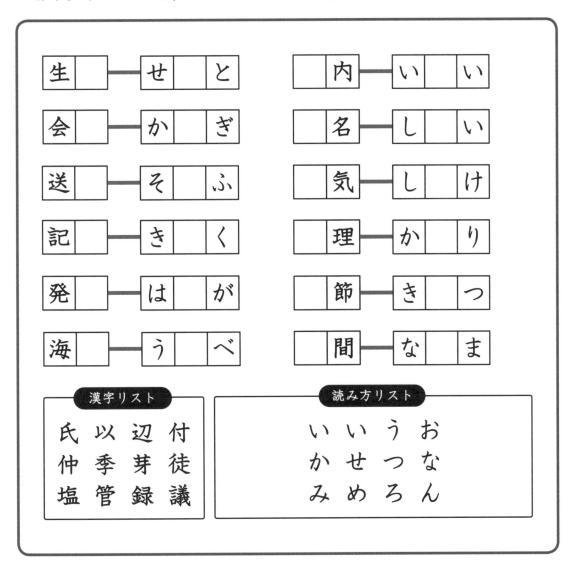

「送りとどけること」を意味する「そうふ」がどこかに入るよ。

50 読み方合わせパズル②

年　　組　　名前

左側の空らんには漢字を，右側の空らんにはひらがなを，それぞれ下のリストから選んで入れ，言葉と読み方が正しく組み合わさるようにしましょう。リストの文字はすべて1回ずつ使います。

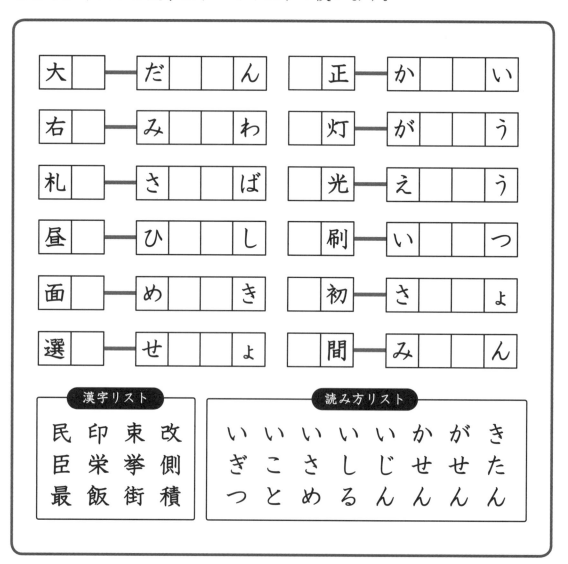

- - - - ヒント - - - -
「決まりを変えること」を意味する「かいせい」がどこかに入るよ。

51 読み方合わせパズル③

年　　　組　　名前

左側の空らんには漢字を，右側の空らんにはひらがなを，それぞれ下のリストから選んで入れ，言葉と読み方が正しく組み合わさるようにしましょう。リストの文字はすべて1回ずつ使います。

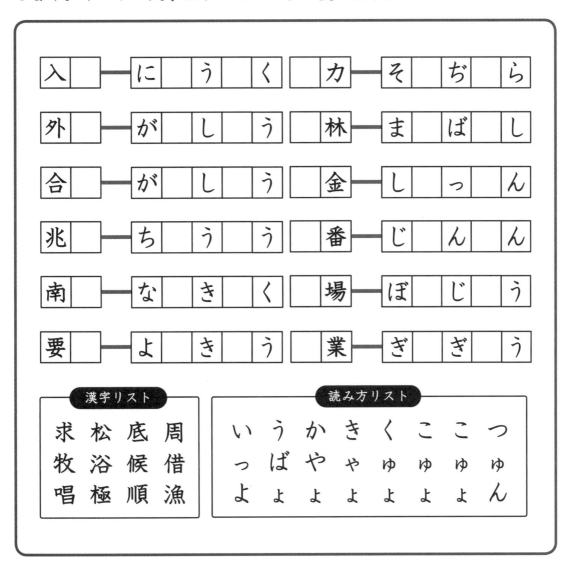

ヒント

「何かが起こりそうな前ぶれ」を意味する「ちょうこう」が入るよ。

52 読み方合わせパズル④

年　組　名前

左側の空らんには漢字を，右側の空らんにはひらがなを，それぞれ下のリストから選んで入れ，言葉と読み方が正しく組み合わさるようにしましょう。リストの文字はすべて1回ずつ使います。

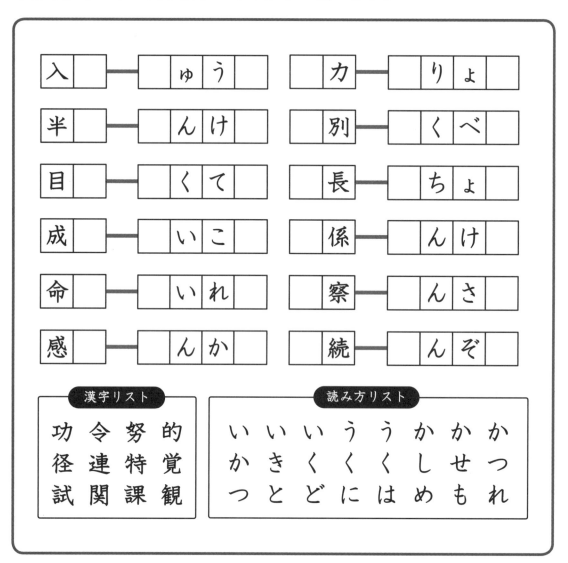

- - - - **ヒント** -
「入学試験」を略して「にゅうし」と言うよ。

53 読み方合わせパズル⑤

年　　組　　名前

左側の空らんには漢字を，右側の空らんにはひらがなを，それぞれ下のリストから選んで入れ，言葉と読み方が正しく組み合わさるようにしましょう。リストの文字はすべて1回ずつ使います。

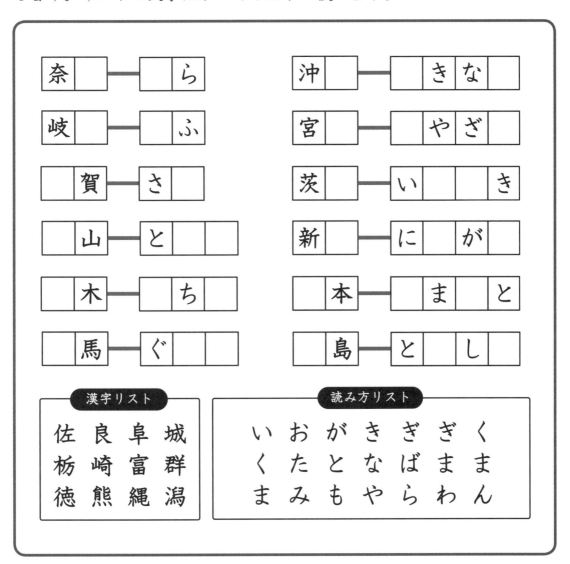

ヒント
都道府県の名前がならんでいるよ。地図帳でも場所を見ておこう。

54 文章づくりパズル①

年　　組　　名前

リストの漢字を□の中に1つずつ入れて，意味の通る文章が完成するようにしましょう。リストの漢字はすべて1回ずつ使います。

明日の給食には、

好きな野菜の入った

メニューが出るように

願っている。

漢字リスト
入　日　出　好　明
食　菜　野　給　願

ヒント
「きゅうしょく」のメニューの話だよ。

55 文章づくりパズル②

年　　組　　名前

リストの漢字を□の中に1つずつ入れて，意味の通る文章が完成するようにしましょう。リストの漢字はすべて1回ずつ使います。

□□は、はしゃいでいる

おさない□□を□て、

□□そうな□で

□かに□った。

漢字リスト
人 老 足 見 笑
孫 満 達 静 顔

ヒント
「孫」が何人もいる人の話だよ。

56 文章づくりパズル③

年　組　名前

リストの漢字を□の中に1つずつ入れて，意味の通る文章が完成するようにしましょう。リストの漢字はすべて1回ずつ使います。

□□ は □ からの

□ たい □ が □ れこむため、

□□ で □□ が

□ くなるでしょう。

漢字リスト
北 末 地 気 各 冷
低 風 流 週 温

ヒント
天気予ほうでよく聞く文章だよ。

57 文章づくりパズル④

年　　組　　名前

リストの漢字を□の中に1つずつ入れて，意味の通る文章が完成するようにしましょう。リストの漢字はすべて1回ずつ使います。

ドイツ[人]に、[折]り[紙]について

[説][明]したところ、

[楽]しさが[伝]わったようで

[熱][心]にやり[始]めた。

漢字リスト
人　心　伝　折　始
明　紙　楽　説　熱

ヒント
外国の人に日本の文化を伝えたようだね。

58 文章づくりパズル⑤

年　　組　　名前

リストの漢字を□の中に1つずつ入れて，意味の通る文章が完成するようにしましょう。リストの漢字はすべて1回ずつ使います。

□□ を □ った

□□□□ によって、

□ があふれる

□□ な □ の □ になった。

漢字リスト

大 中 生 世 利 使
物 便 械 産 量 機

- - - - **ヒント** - - - -
物を大量に作ることができるようになって，どんな社会になったかな？

5年生まで に習った漢字でできる 漢字パズル

移
桜
基
義

授
能
統
歴

59 言葉づくりパズル①

年　　組　　名前

□の中に漢字を１文字ずつ入れましょう。○の中のひらがなは，そこに矢印が向いている□に入る漢字を組み合わせると，その読み方の言葉ができることを表しています。

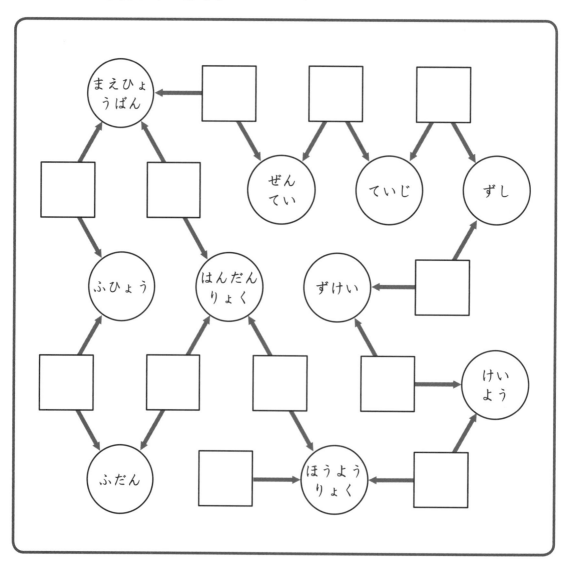

ヒント

「ふだん」は，「絶え間がないこと」の意味。

60 言葉づくりパズル②

年　　組　　名前

□の中に漢字を1文字ずつ入れましょう。○の中のひらがなは，そこに矢印が向いている□に入る漢字を組み合わせると，その読み方の言葉ができることを表しています。

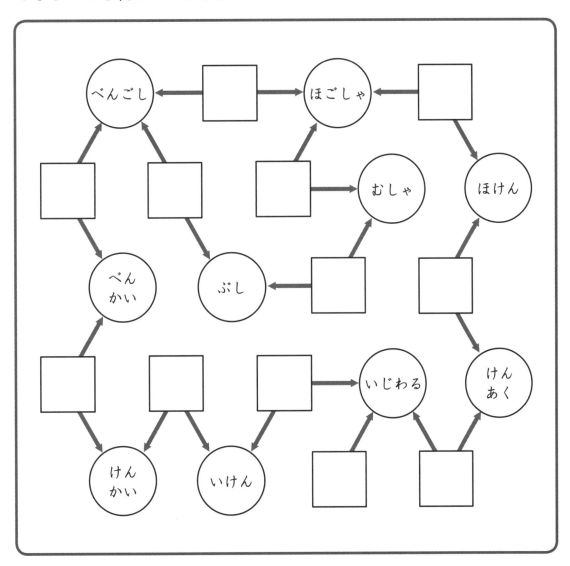

「けんあく」は，「ふんいきが悪いこと」の意味。

61 言葉づくりパズル③

年　　組　　名前

□の中に漢字を1文字ずつ入れましょう。○の中のひらがなは，そこに矢印が向いている□に入る漢字を組み合わせると，その読み方の言葉ができることを表しています。

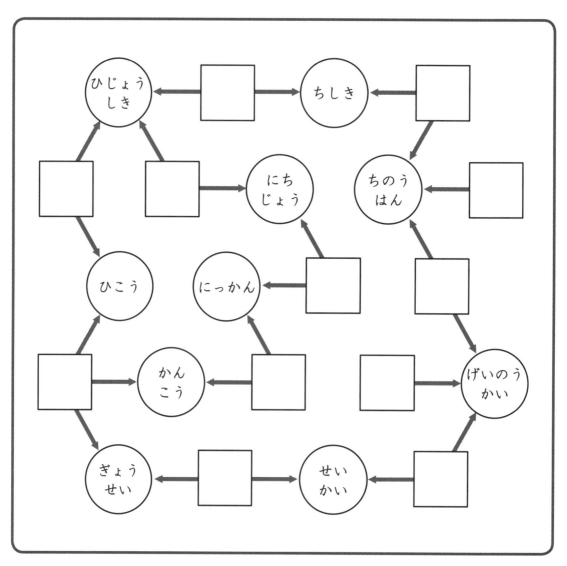

ヒント

「ちのうはん」は，「悪知恵(わるぢえ)を働かせて犯罪をおかす人」の意味。

62 言葉づくりパズル④

年　　組　　名前

□の中に漢字を1文字ずつ入れましょう。○の中のひらがなは、そこに矢印が向いている□に入る漢字を組み合わせると、その読み方の言葉ができることを表しています。

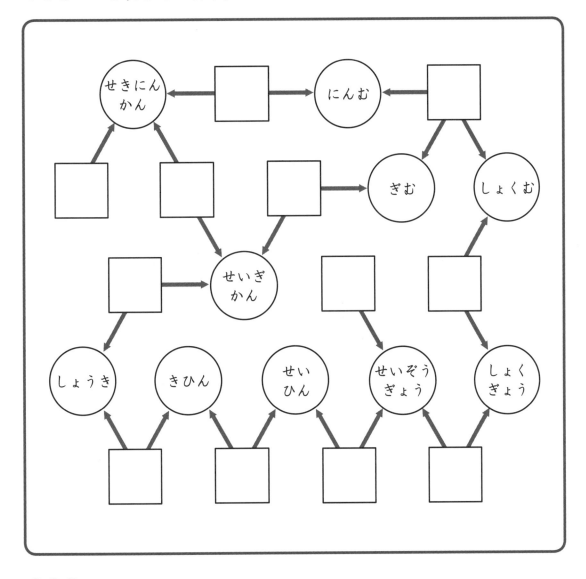

「しょくむ」は、「仕事としてしなければならない役目」の意味。

63 言葉づくりパズル⑤

年　　組　　名前

□の中に漢字を1文字ずつ入れましょう。○の中のひらがなは、そこに矢印が向いている□に入る漢字を組み合わせると、その読み方の言葉ができることを表しています。

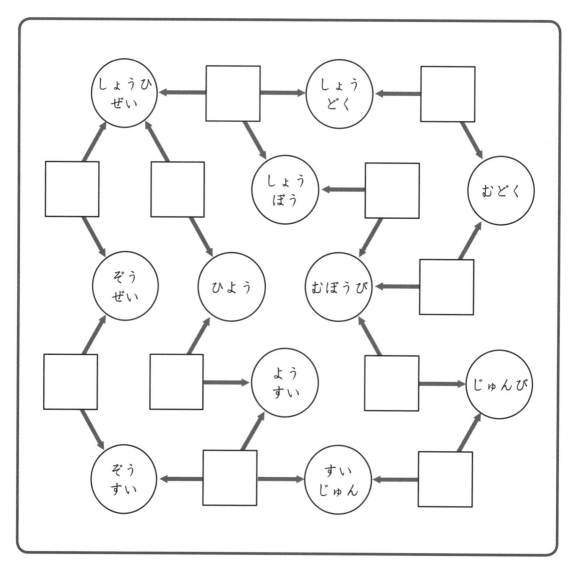

ヒント
「むぼうび」は、「災難(さいなん)に対して何の準備もしていない状態」の意味。

64 読み方合わせパズル①

年　　　組　　名前

左側の空らんには漢字を，右側の空らんにはひらがなを，それぞれ下のリストから選んで入れ，言葉と読み方が正しく組み合わさるようにしましょう。リストの文字はすべて1回ずつ使います。

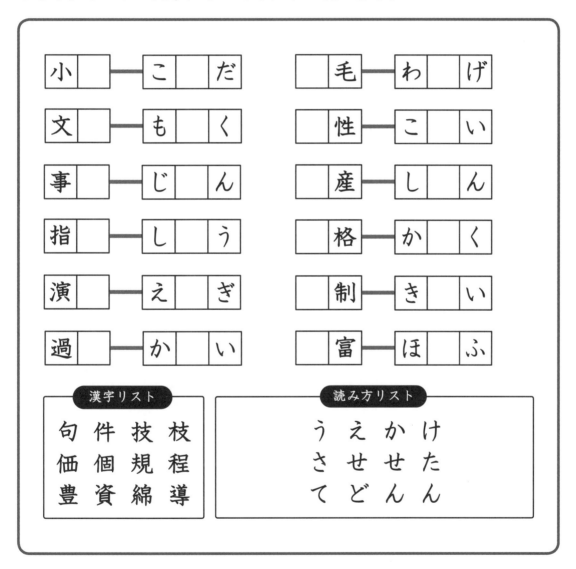

ヒント
「持っている財産」のことを意味する「しさん」がどこかに入るよ。

65 読み方合わせパズル②

左側の空らんには漢字を，右側の空らんにはひらがなを，それぞれ下のリストから選んで入れ，言葉と読み方が正しく組み合わさるようにしましょう。リストの文字はすべて1回ずつ使います。

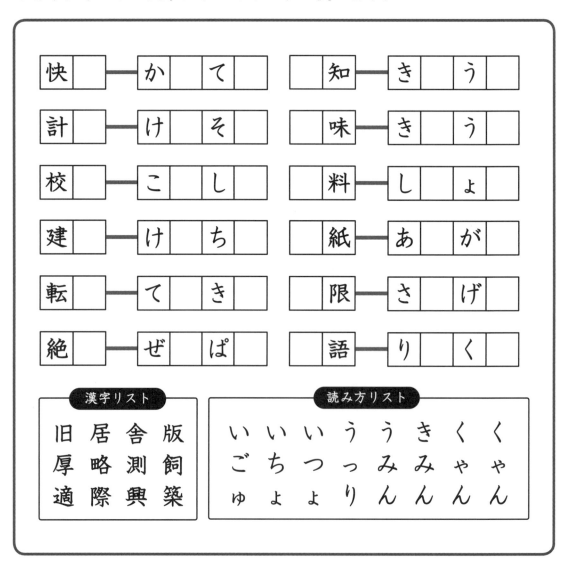

ヒント
「古くからの知り合い」のことを意味する「きゅうち」が入るよ。

66 読み方合わせパズル③

年　　組　　名前

左側の空らんには漢字を，右側の空らんにはひらがなを，それぞれ下のリストから選んで入れ，言葉と読み方が正しく組み合わさるようにしましょう。リストの文字はすべて1回ずつ使います。

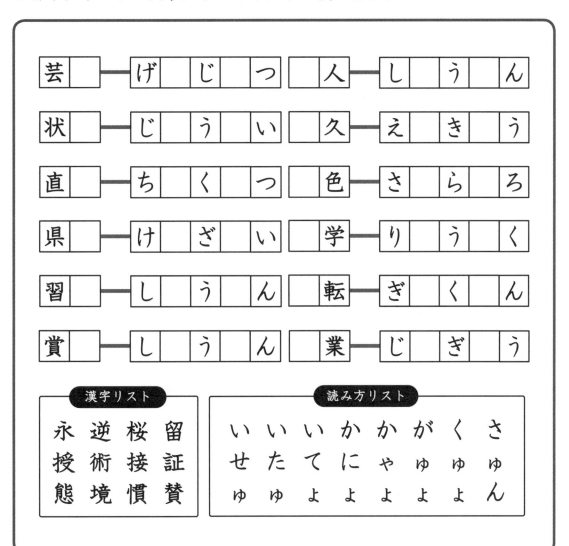

67 読み方合わせパズル④

年　　組　　名前

左側の空らんには漢字を，右側の空らんにはひらがなを，それぞれ下のリストから選んで入れ，言葉と読み方が正しく組み合わさるようにしましょう。リストの文字はすべて1回ずつ使います。

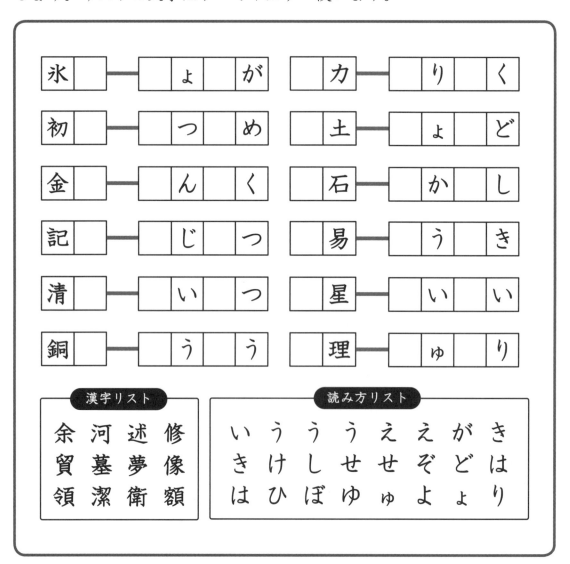

ヒント
「あまっている力」のことを意味する「よりょく」が入るよ。

68 読み方合わせパズル⑤

年　　　組　　　名前

左側の空らんには漢字を，右側の空らんにはひらがなを，それぞれ下のリストから選んで入れ，言葉と読み方が正しく組み合わさるようにしましょう。リストの文字はすべて1回ずつ使います。

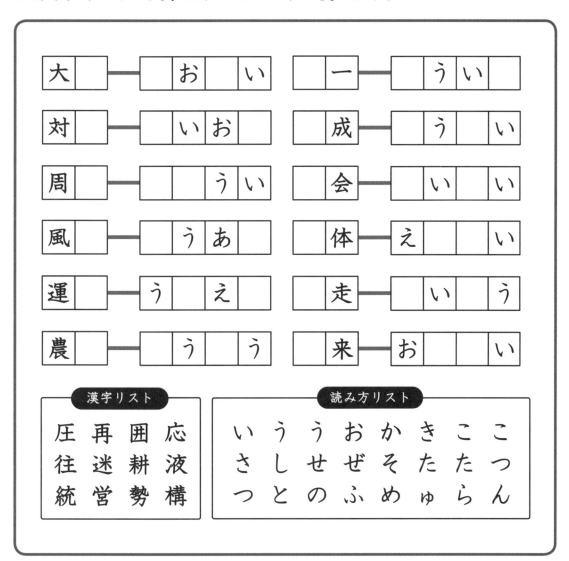

ヒント
「行ったり来たりすること」を意味する「おうらい」がどこかに入るよ。

69 文章づくりパズル①

年　　組　　名前

リストの漢字を□の中に1つずつ入れて，意味の通る文章が完成するようにしましょう。リストの漢字はすべて1回ずつ使います。

□をする□□の□い

ギャンブルにはまりこみ、

□□ちの□□を

すり□らしてしまった。

漢字リスト
手 金 持 高 率
現 減 損 確

ヒント
「何度も使い減っていくこと」を「すり減る」と言うよ。

70 文章づくりパズル②

年　　組　　名前

リストの漢字を□の中に1つずつ入れて、意味の通る文章が完成するようにしましょう。リストの漢字はすべて1回ずつ使います。

どれほど □□ されても、□□ に

□ せないと □ っていたが、

□□ を □ るにつれて

その □□ は □ えていった。

漢字リスト

対　思　時　消　許　情
経　間　絶　罪　感　謝

- - - **ヒント** - - -

「人に謝ること」を「謝罪」と言うよ。

71 文章づくりパズル③

年　　組　　名前

リストの漢字を□の中に1つずつ入れて、意味の通る文章が完成するようにしましょう。リストの漢字はすべて1回ずつ使います。

□□した □□□には、

□によく□ている

□えた□□が

□っていた。

漢字リスト
人　似　肥　妻　乗　混
婦　幹　新　雑　線

ヒント
いっぱいの乗客の中に、どんな人がいたのかな？

72 文章づくりパズル④

年　　組　　名前

リストの漢字を□の中に1つずつ入れて，意味の通る文章が完成するようにしましょう。リストの漢字はすべて1回ずつ使います。

□□によると、□□は

ライターの□が□□に

□え□ったことが

□□で□じたらしい。

漢字リスト

火　火　毛　布　生　因
災　査　原　移　調　燃

ヒント
ねながらタバコを吸うのは火事になるからあぶないとよく言われるね。

73 文章づくりパズル⑤

年　　組　　名前

リストの漢字を□の中に1つずつ入れて，意味の通る文章が完成するようにしましょう。リストの漢字はすべて1回ずつ使います。

オーストラリアから[鉄][鉱][石]を

[輸][入]することで

[利][益]を[出]し、[会][社]の

[業][績]は[回][復]した。

漢字リスト

入　出　石　会　回　利　社
益　復　鉄　業　鉱　輸　績

ヒント
オーストラリアは鉄を作る原料の石がよく採(と)れる国だよ。

6年生 までに習った漢字でできる 漢字パズル

創 優 我 陛

郷 宝 翌 簡

74 言葉づくりパズル①

年　　組　　名前

□の中に漢字を1文字ずつ入れましょう。○の中のひらがなは，そこに矢印が向いている□に入る漢字を組み合わせると，その読み方の言葉ができることを表しています。

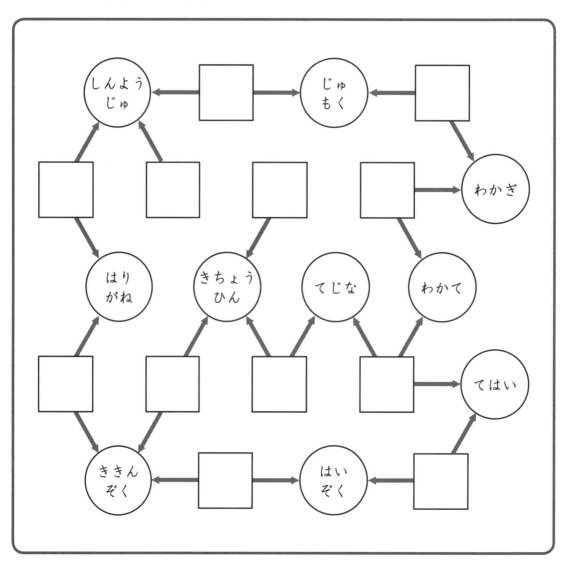

ヒント

「はいぞく」は，「人を様々な役割にふり分けること」の意味。

75 言葉づくりパズル②

年　　組　　名前

□の中に漢字を1文字ずつ入れましょう。○の中のひらがなは，そこに矢印が向いている□に入る漢字を組み合わせると，その読み方の言葉ができることを表しています。

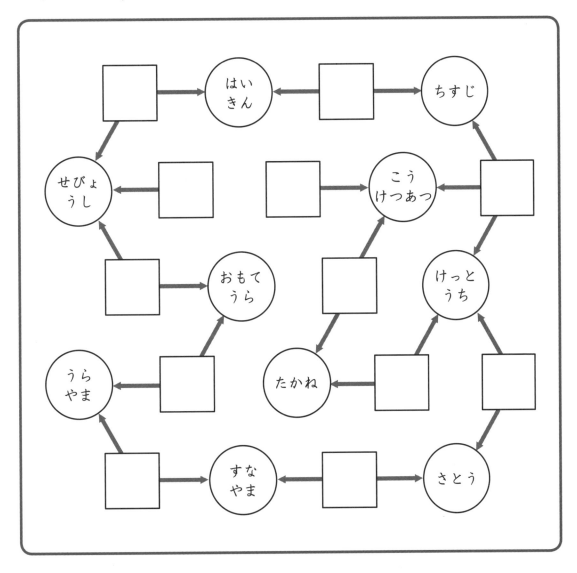

「けっとうち」は血液中の糖の割合のこと。健康診断（しんだん）で測るよ。

76 言葉づくりパズル③

年　　組　　名前

□の中に漢字を1文字ずつ入れましょう。○の中のひらがなは、そこに矢印が向いている□に入る漢字を組み合わせると、その読み方の言葉ができることを表しています。

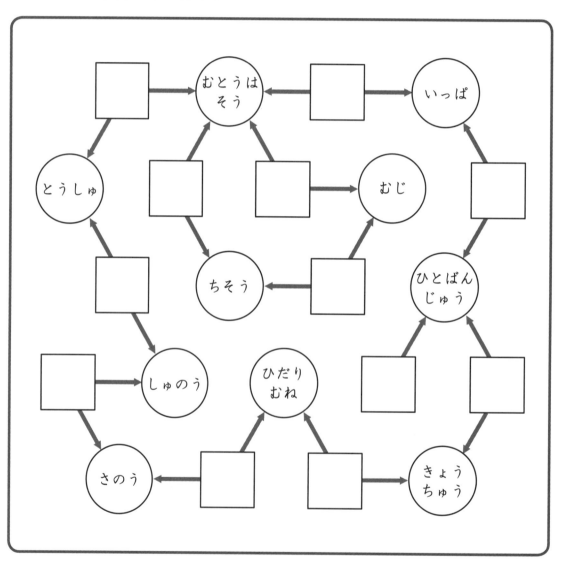

「むとうはそう」は「どの政党も支持しない人たち」の意味。

77 言葉づくりパズル④

年　　　組　　　名前

□の中に漢字を1文字ずつ入れましょう。○の中のひらがなは，そこに矢印が向いている□に入る漢字を組み合わせると，その読み方の言葉ができることを表しています。

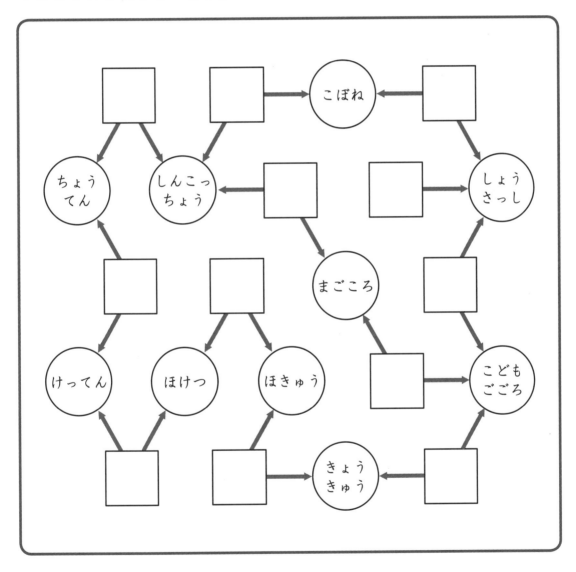

ヒント

「しんこっちょう」は「本来の姿」という意味。

78 言葉づくりパズル⑤

年　　組　　名前

□の中に漢字を1文字ずつ入れましょう。○の中のひらがなは、そこに矢印が向いている□に入る漢字を組み合わせると、その読み方の言葉ができることを表しています。

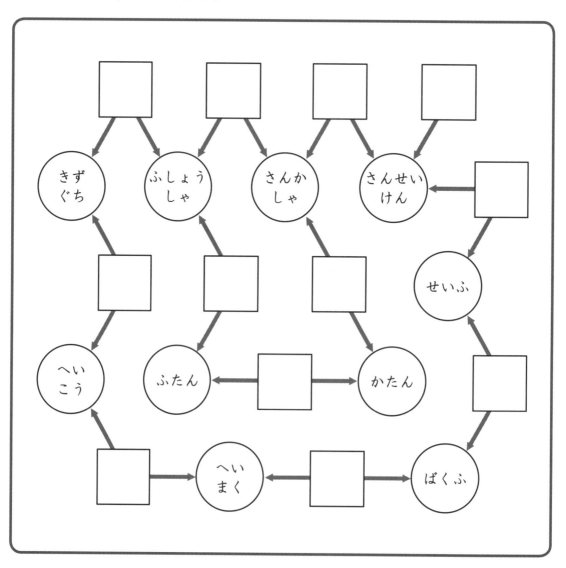

ヒント

「へいこう」は、「答えにつまること、困り果てること」の意味。

79 読み方合わせパズル①

年　　　組　　　名前

左側の空らんには漢字を，右側の空らんにはひらがなを，それぞれ下のリストから選んで入れ，言葉と読み方が正しく組み合わさるようにしましょう。リストの文字はすべて1回ずつ使います。

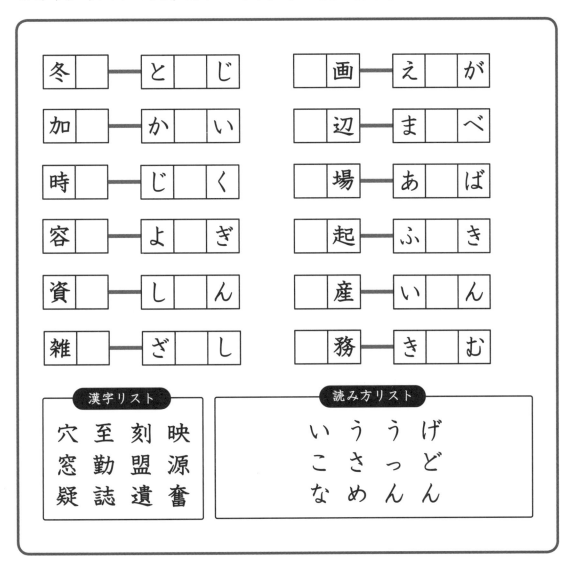

「気持ちをふるい立たせること」を意味する「ふんき」が入るよ。

80 読み方合わせパズル②

年　　組　　名前

左側の空らんには漢字を，右側の空らんにはひらがなを，それぞれ下のリストから選んで入れ，言葉と読み方が正しく組み合わさるようにしましょう。リストの文字はすべて1回ずつ使います。

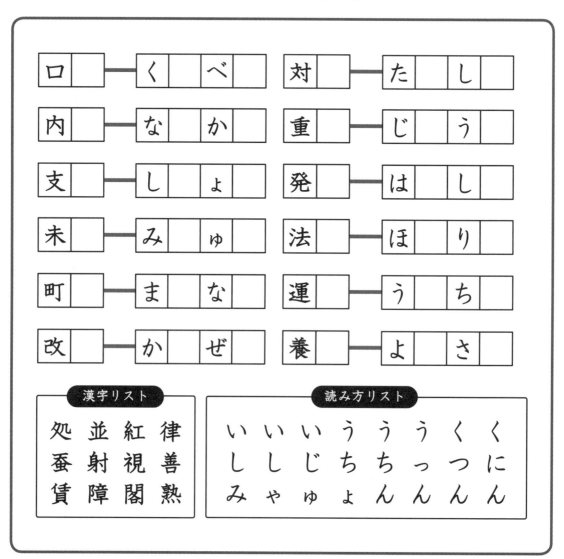

- - - - - ヒント - - - - -
「やろうとすることをじゃますることもの」を意味する「ししょう」が入るよ。

81 読み方合わせパズル③

年　　組　　名前

左側の空らんには漢字を，右側の空らんにはひらがなを，それぞれ下のリストから選んで入れ，言葉と読み方が正しく組み合わさるようにしましょう。リストの文字はすべて1回ずつ使います。

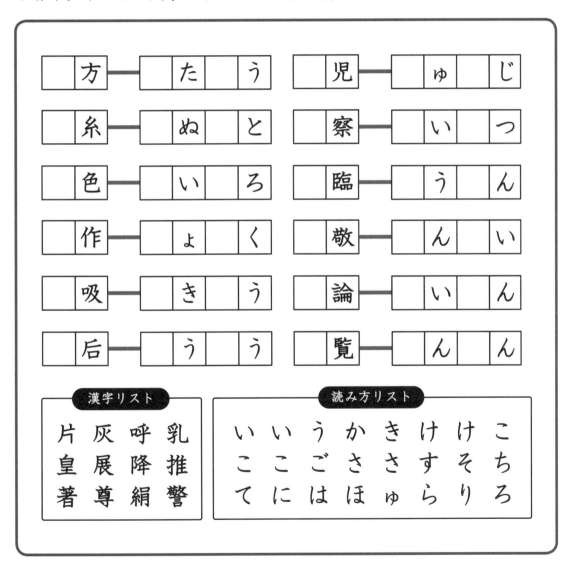

ヒント
「推理して理論を進めること」を意味する「すいろん」が入るよ。

82 読み方合わせパズル④

年　　組　　名前

左側の空らんには漢字を，右側の空らんにはひらがなを，それぞれ下のリストから選んで入れ，言葉と読み方が正しく組み合わさるようにしましょう。リストの文字はすべて1回ずつ使います。

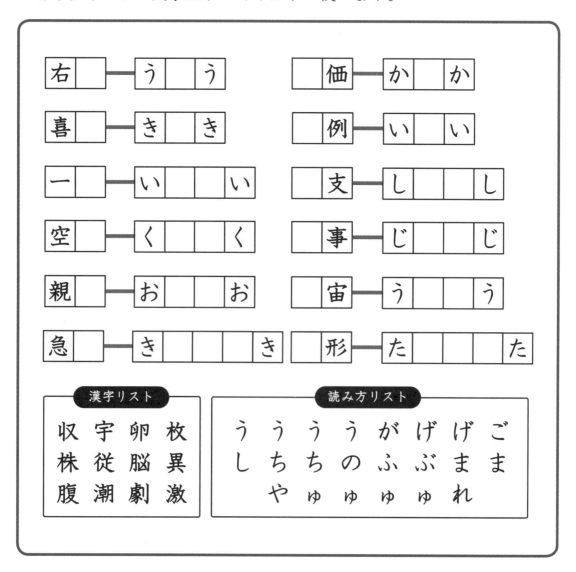

- - - - ヒント - - - -
「収入と支出」を意味する「しゅうし」がどこかに入るよ。

83 読み方合わせパズル⑤

年　　組　　名前

左側の空らんには漢字を，右側の空らんにはひらがなを，それぞれ下のリストから選んで入れ，言葉と読み方が正しく組み合わさるようにしましょう。リストの文字はすべて1回ずつ使います。

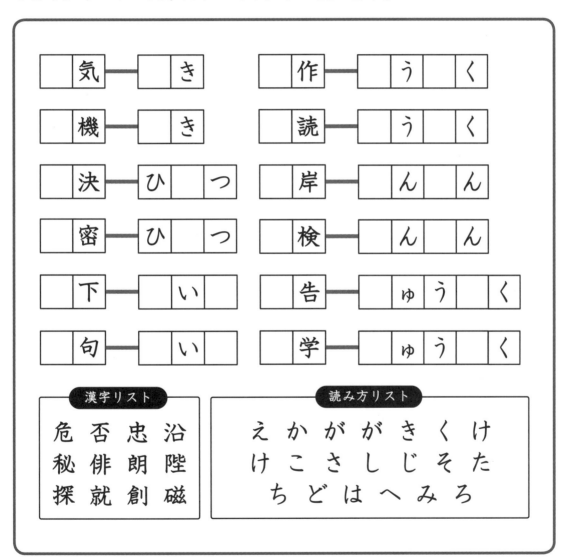

- - - ヒント - - -
「学校に入ること」を意味する「しゅうがく」がどこかに入るよ。

84 文章づくりパズル①

年　　組　　名前

リストの漢字を□の中に1つずつ入れて，意味の通る文章が完成するようにしましょう。リストの漢字はすべて1回ずつ使います。

□しい □□が

□□してくれた

□□□プレゼントが

まもなく □□に □く。

漢字リスト

人　日　友　自　生　宅
届　送　郵　誕　優

ヒント

「郵便で物を送ること」を「郵送」と言うよ。

85 文章づくりパズル②

年　　組　　名前

リストの漢字を□の中に1つずつ入れて、意味の通る文章が完成するようにしましょう。リストの漢字はすべて1回ずつ使います。

□ボール□に□るサイズ

なのかどうかを□かめるために、

□□で□の

□□を□った。

漢字リスト

入　寸　尺　机　法
巻　段　測　箱　確

ヒント

「物の大きさ」を「寸法」と言うよ。

86 文章づくりパズル③

年　　組　　名前

リストの漢字を□の中に1つずつ入れて，意味の通る文章が完成するようにしましょう。リストの漢字はすべて1回ずつ使います。

□□そうに□えて

□しいパズルを□され、

□は□を□れて

□り□んでしまった。

漢字リスト
出　我　忘　見　私
取　単　組　難　簡

ヒント
「物事に夢中になる」のを「我を忘れる」と言うよ。

87 文章づくりパズル④

年　　組　　名前

リストの漢字を□の中に1つずつ入れて，意味の通る文章が完成するようにしましょう。リストの漢字はすべて1回ずつ使います。

□かい□に□って

□した□□が

□□でかわくのは、

□□が□□するからだ。

漢字リスト

一　干　水　日　分　衣
発　洗　晩　蒸　暖　類

ヒント
洗たく物がかわくのはなぜか，理科で習ったかな？

88 文章づくりパズル⑤

年　　組　　名前

リストの漢字を□の中に1つずつ入れて、意味の通る文章が完成するようにしましょう。リストの漢字はすべて1回ずつ使います。

□□の□□をかけた

□しい□いは、

□□になって□□な

□□れをむかえた。

漢字リスト

亡　切　存　国　的　家
翌　朝　幕　戦　劇　激

ヒント

「残るかなくなるか」を意味する「存亡」という言葉がどこかに入るよ。

解答

10〜17ページの答え（1年生までに習った漢字）

1 ことばづくりパズル①（10ページ）

2 ことばづくりパズル②（11ページ）

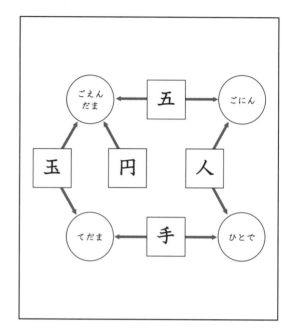

3 ことばづくりパズル③（12ページ）

4 よみかたあわせパズル①（13ページ）

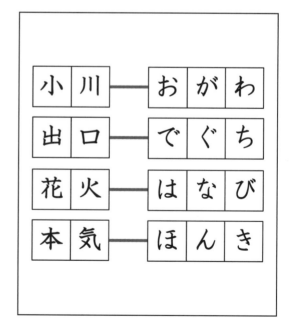

5 よみかたあわせパズル②（14ページ）

右足	—	み	ぎ	あ	し
左手	—	ひ	だ	り	て
村人	—	む	ら	び	と
草花	—	く	さ	ば	な

6 よみかたあわせパズル③（15ページ）

手下	—	て	し	た
男子	—	だ	ん	し
白目	—	し	ろ	め
天気	—	て	ん	き

7 よみかたあわせパズル④（16ページ）

左目	—	ひ	だ	り	め
学校	—	が	っ	こ	う
男女	—	だ	ん	じ	ょ
先生	—	せ	ん	せ	い

8 よみかたあわせパズル⑤（17ページ）

女王	—	じ	ょ	お	う
大金	—	た	い	き	ん
青虫	—	あ	お	む	し
水車	—	す	い	し	ゃ

18〜22ページの答え（1年生までに習った漢字）

9 文しょうづくりパズル①（18ページ）

雨 が ふりそうだから、

早 く あの ビルの 中 に

入 って 休 もう。

10 文しょうづくりパズル②（19ページ）

この 林 には、

およそ 千本 の 木 が

立 って います。

11 文しょうづくりパズル③（20ページ）

夕日 が しずむとき、

空 は 赤 く

見 えます。

12 文しょうづくりパズル④（21ページ）

やわらかくした 土 に、

川 から 水 を 入 れることで、

田 んぼの いねは そだちます。

13 文しょうづくりパズル⑤(22ページ)

音の　したほうを　見ると、

三びきの　犬が　山から

下りて　くる　ところだった。

24～31ページの答え（2年生までに習った漢字）

14 ことばづくりパズル①（24ページ）

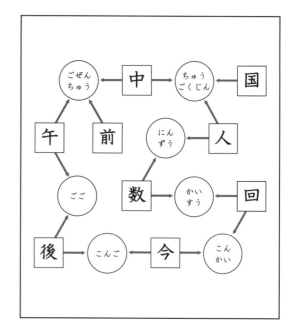

15 ことばづくりパズル②（25ページ）

16 ことばづくりパズル③（26ページ）

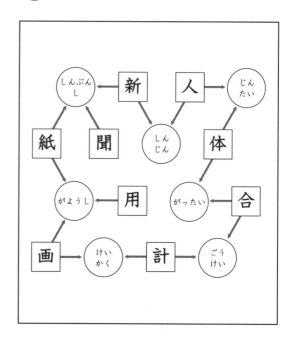

17 ことばづくりパズル④（27ページ）

18 ことばづくりパズル⑤(28ページ)

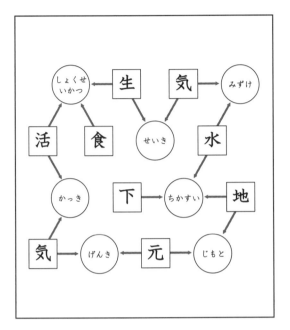

19 読み方合わせパズル①(29ページ)

20 読み方合わせパズル②(30ページ)

21 読み方合わせパズル③(31ページ)

32〜38ページの答え（2年生までに習った漢字）

22 読み方合わせパズル④（32ページ）

23 読み方合わせパズル⑤（33ページ）

24 文しょうづくりパズル①（34ページ）

明け方に なって、鳥たちは 羽を 広げて 西の 空へと とんで いった。

25 文しょうづくりパズル②（35ページ）

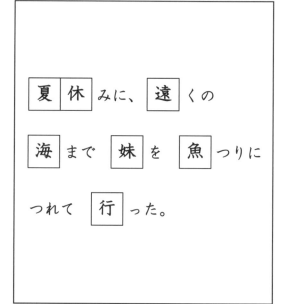

26 文しょうづくりパズル③（36ページ）

雪 が 強 まった せいで

汽 車 が 出 なくなり、

家 に 帰 れなく なってしまった。

27 文しょうづくりパズル④（37ページ）

歩 いていると 牛 の

鳴 き 声 が 聞 こえたので、

思 わず 立 ち 止 まった。

28 文しょうづくりパズル⑤（38ページ）

父 親 は、 長 くて

よく 切 れる 刀 を

作 る 名 人 だ。

40〜47ページの答え（3年生までに習った漢字）

29 言葉づくりパズル①（40ページ）

30 言葉づくりパズル②（41ページ）

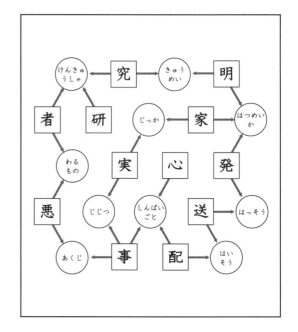

31 言葉づくりパズル③（42ページ）

32 言葉づくりパズル④（43ページ）

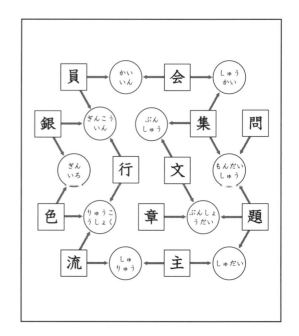

33 言葉づくりパズル⑤（44ページ）

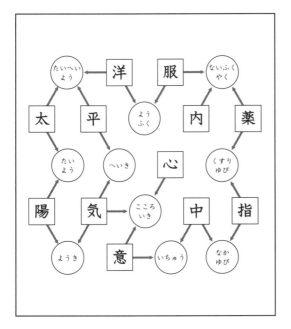

34 読み方合わせパズル①（45ページ）

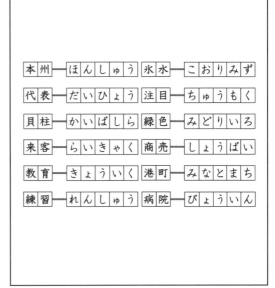

35 読み方合わせパズル②（46ページ）

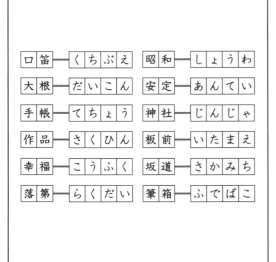

36 読み方合わせパズル③（47ページ）

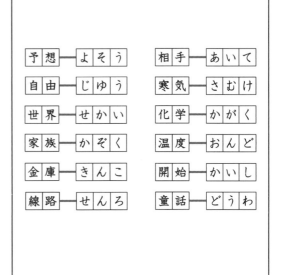

48〜54ページの答え（3年生までに習った漢字）

37 読み方合わせパズル④（48ページ）

中央 — ちゅうおう　屋上 — おくじょう
出血 — しゅっけつ　両方 — りょうほう
長身 — ちょうしん　急行 — きゅうこう
消去 — しょうきょ　植物 — しょくぶつ
宿命 — しゅくめい　係員 — かかりいん
薬局 — やっきょく　勉強 — べんきょう

38 読み方合わせパズル⑤（49ページ）

水泳 — すいえい　決心 — けっしん
反対 — はんたい　勝負 — しょうぶ
公式 — こうしき　写真 — しゃしん
回転 — かいてん　登校 — とうこう
空豆 — そらまめ　横転 — おうてん
相談 — そうだん　鼻歌 — はなうた

39 文章づくりパズル①（50ページ）

暑い日に運動するときは、こまめに水を飲むように心がけましょう。

40 文章づくりパズル②（51ページ）

放り投げられた野球のボールを走って追いかけていたら、息苦しくなった。

41 文章づくりパズル③(52ページ)

短いが美しい言葉で書かれた詩を読んで、心をぐっと打たれた。

42 文章づくりパズル④(53ページ)

この地区は昔は畑が一面に広がっていたが、今ではすっかり都会になっている。

43 文章づくりパズル⑤(54ページ)

駅に着いた列車から、旅を終えたばかりの級友が出てきた。

56〜63ページの答え（4年生までに習った漢字）

44 言葉づくりパズル①（56ページ）

45 言葉づくりパズル②（57ページ）

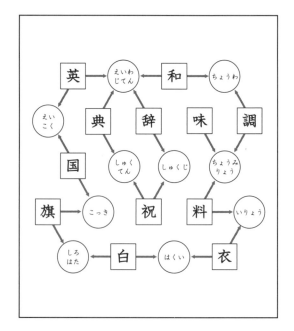

46 言葉づくりパズル③（58ページ）

47 言葉づくりパズル④（59ページ）

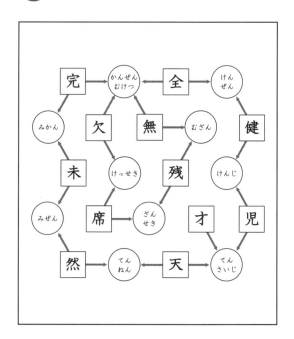

48 言葉づくりパズル⑤（60ページ）

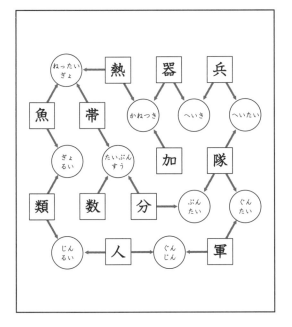

49 読み方合わせパズル①（61ページ）

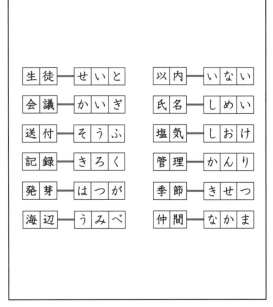

50 読み方合わせパズル②（62ページ）

51 読み方合わせパズル③（63ページ）

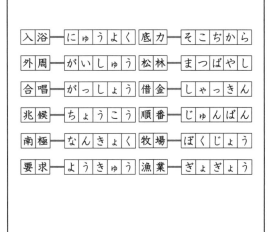

64〜70ページの答え（4年生までに習った漢字）

52 読み方合わせパズル④（64ページ）

入試 — にゅうし	努力 — どりょく
半径 — はんけい	特別 — とくべつ
目的 — もくてき	課長 — かちょう
成功 — せいこう	関係 — かんけい
命令 — めいれい	観察 — かんさつ
感覚 — かんかく	連続 — れんぞく

53 読み方合わせパズル⑤（65ページ）

奈良 — なら	沖縄 — おきなわ
岐阜 — ぎふ	宮崎 — みやざき
佐賀 — さが	茨城 — いばらき
富山 — とやま	新潟 — にいがた
栃木 — とちぎ	熊本 — くまもと
群馬 — ぐんま	徳島 — とくしま

54 文章づくりパズル①（66ページ）

明日の給食には、好きな野菜の入ったメニューが出るように願っている。

55 文章づくりパズル②（67ページ）

老人は、はしゃいでいるおさない孫達を見て、満足そうな顔で静かに笑った。

56 文章づくりパズル③（68ページ）

週末は北からの
冷たい風が流れこむため、
各地で気温が
低くなるでしょう。

57 文章づくりパズル④（69ページ）

ドイツ人に、折り紙について
説明したところ、
楽しさが伝わったようで
熱心にやり始めた。

58 文章づくりパズル⑤（70ページ）

機械を使った
大量生産によって、
物があふれる
便利な世の中になった。

72〜79ページの答え（5年生までに習った漢字）

59 言葉づくりパズル①（72ページ）

60 言葉づくりパズル②（73ページ）

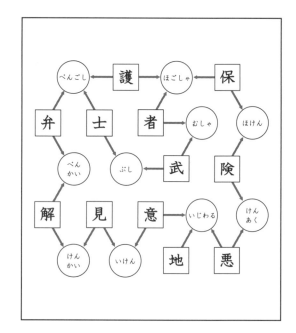

61 言葉づくりパズル③（74ページ）

62 言葉づくりパズル④（75ページ）

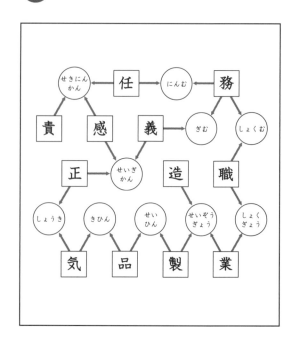

63 言葉づくりパズル⑤（76ページ）

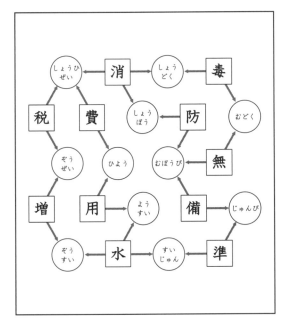

64 読み方合わせパズル①（77ページ）

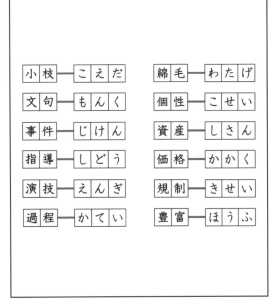

65 読み方合わせパズル②（78ページ）

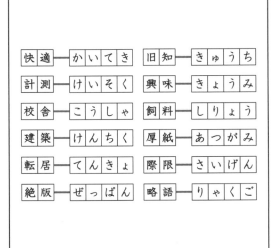

66 読み方合わせパズル③（79ページ）

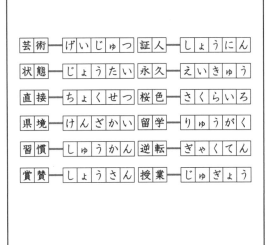

80〜86ページの答え（5年生までに習った漢字）

67 読み方合わせパズル④（80ページ）

氷河	ひょうが	余力	よりょく
初夢	はつゆめ	領土	りょうど
金額	きんがく	墓石	はかいし
記述	きじゅつ	貿易	ぼうえき
清潔	せいけつ	衛星	えいせい
銅像	どうぞう	修理	しゅうり

68 読み方合わせパズル⑤（81ページ）

大勢	おおぜい	統一	とういつ
対応	たいおう	構成	こうせい
周囲	しゅうい	再会	さいかい
風圧	ふうあつ	液体	えきたい
運営	うんえい	迷走	めいそう
農耕	のうこう	往来	おうらい

69 文章づくりパズル①（82ページ）

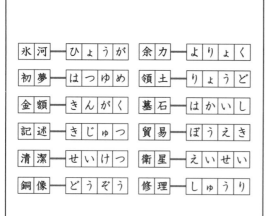

損 をする 確率 の 高 い

ギャンブルにはまりこみ、

手持 ちの 現金 を

すり 減 らしてしまった。

70 文章づくりパズル②（83ページ）

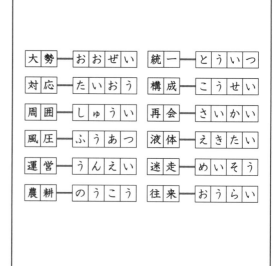

どれほど 謝罪 されても、 絶対 に

許 せないと 思 っていたが、

時間 を 経 るにつれて

その 感情 は 消 えていった。

71 文章づくりパズル③（84ページ）

混雑した新幹線には、妻によく似ている肥えた婦人が乗っていた。

72 文章づくりパズル④（85ページ）

調査によると、火災はライターの火が毛布に燃え移ったことが原因で生じたらしい。

73 文章づくりパズル⑤（86ページ）

オーストラリアから鉄鉱石を輸入することで利益を出し、会社の業績は回復した。

88〜95ページの答え（6年生までに習った漢字）

74 言葉づくりパズル①（88ページ）

75 言葉づくりパズル②（89ページ）

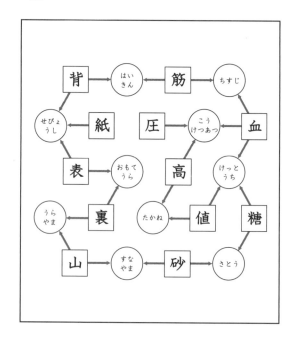

76 言葉づくりパズル③（90ページ）

77 言葉づくりパズル④（91ページ）

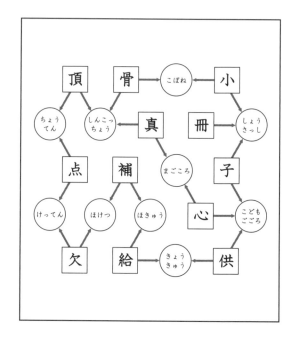

78 言葉づくりパズル⑤（92ページ）

傷者参権政府幕閉
きずぐち／ふしょうしゃ／さんか しゃ／さんせいけん／せいふ
口負担加
へいこう／ふたん／かたん
閉／へいまく／ばくふ

79 読み方合わせパズル①（93ページ）

冬至	とうじ	映画	えいが
加盟	かめい	窓辺	まどべ
時刻	じこく	穴場	あなば
容疑	ようぎ	奮起	ふんき
資源	しげん	遺産	いさん
雑誌	ざっし	勤務	きんむ

80 読み方合わせパズル②（94ページ）

口紅	くちべに	対処	たいしょ
内閣	ないかく	重視	じゅうし
支障	ししょう	発射	はっしゃ
未熟	みじゅく	法律	ほうりつ
町並	まちなみ	運賃	うんちん
改善	かいぜん	養蚕	ようさん

81 読み方合わせパズル③（95ページ）

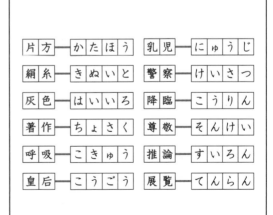

96〜102ページの答え（6年生までに習った漢字）

82 読み方合わせパズル④（96ページ）

右脳 — うのう	株価 — かぶか
喜劇 — きげき	異例 — いれい
一枚 — いちまい	収支 — しゅうし
空腹 — くうふく	従事 — じゅうじ
親潮 — おやしお	宇宙 — うちゅう
急激 — きゅうげき	卵形 — たまごがた

83 読み方合わせパズル⑤（97ページ）

磁気 — じき	創作 — そうさく
危機 — きき	朗読 — ろうどく
否決 — ひけつ	沿岸 — えんがん
秘密 — ひみつ	探検 — たんけん
陛下 — へいか	忠告 — ちゅうこく
俳句 — はいく	就学 — しゅうがく

84 文章づくりパズル①（98ページ）

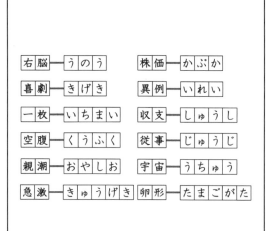

優しい友人が郵送してくれた誕生日プレゼントがまもなく自宅に届く。

85 文章づくりパズル②（99ページ）

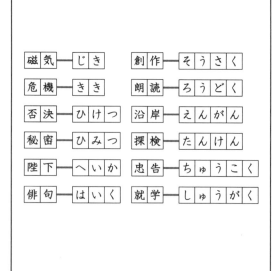

段ボール箱に入るサイズなのかどうかを確かめるために、巻尺で机の寸法を測った。

86 文章づくりパズル③（100ページ）

簡単そうに見えて

難しいパズルを出され、

私は我を忘れて

取り組んでしまった。

87 文章づくりパズル④（101ページ）

暖かい日に洗って

干した衣類が

一晩でかわくのは、

水分が蒸発するからだ。

88 文章づくりパズル⑤（102ページ）

国家の存亡をかけた

激しい戦いは、

翌朝になって劇的な

幕切れをむかえた。

【著者紹介】

東田　大志（ひがしだ　ひろし）

1984年兵庫県生まれ。京都大学総合人間学部卒業，同大学院人間・環境学研究科博士後期課程修了。「パズル学」の論文により日本初の博士号を取得。パズル作家としても50種以上のパズルを考案している。また，自作パズルの書かれたビラを47都道府県で配り「ビラがパズルの人」とも呼ばれている。テレビ・ラジオにも多数出演中で，新聞や雑誌にも連載を持つ。著書に『京大・東田式　頭がよくなる国語パズル』（朝日学生新聞社），『パズル学入門』（岩波ジュニア新書），『京大・東田式　頭がよくなるナゾトキ漢字パズル』（幻冬舎）など多数。共訳書に『数学パズル大図鑑Ⅰ・Ⅱ』（化学同人）。また制作ゲームに『京大・東田式　頭がよくなる漢字ゲーム』（幻冬舎）など。

どの子も熱中！
東田式　小学生のおさらい漢字パズル

2019年4月初版第1刷刊　Ⓒ著　者　東　田　大　志
　　　　　　　　　　　発行者　藤　原　光　政
　　　　　　　　　　　発行所　明治図書出版株式会社
　　　　　　　　　　　　　　　http://www.meijitosho.co.jp
　　　　　　　　　　　　　　　（企画・校正）大江文武
　　　　　　　　　　　〒114-0023　東京都北区滝野川7-46-1
　　　　　　　　　　　振替00160-5-151318　電話03(5907)6702
　　　　　　　　　　　ご注文窓口　電話03(5907)6668
＊検印省略　　　　　　組版所　株式会社カシヨ

本書の無断コピーは，著作権・出版権にふれます。ご注意ください。
教材部分は，学校の授業過程での使用に限り，複製することができます。

Printed in Japan　　　　　ISBN978-4-18-102829-9
もれなくクーポンがもらえる！読者アンケートはこちらから